STEHLE/STEHLE/HIRSCHBERGER

Die rechtlichen und steuerlichen Wesensmerkmale der verschiedenen Gesellschaftsformen

Die rechtlichen und steuerlichen Wesensmerkmale der verschiedenen Gesellschaftsformen

Vergleichende Tabellen

Prof. Dr. Heinz Stehle
Wirtschaftsprüfer und Steuerberater

Dr. Anselm Stehle
Wirtschaftsprüfer und Steuerberater

Prof. Dr. Wolfgang Hirschberger
Wirtschaftsprüfer und Steuerberater

23., überarbeitete Auflage, 2021

Bibliografische Information der Deutschen Nationalbibliothek | Die Deutsche Nationalbibliothek verzeichnet diese Publikation in der Deutschen Nationalbibliografie; detaillierte bibliografische Daten sind im Internet über www.dnb.de abrufbar.

23. Auflage, 2021
ISBN 978-3-415-06952-7

Titelfoto: © styleuneed-stock.adobe.com | Satz: GreenTomato GmbH, Forststraße 131, 70193 Stuttgart, www.greentomato.de | Druck und Bindung: Laupp & Göbel GmbH, Robert-Bosch-Straße 42, 72810 Gomaringen

Richard Boorberg Verlag GmbH & Co KG | Scharrstraße 2 | 70536 Stuttgart
Stuttgart | München | Hannover | Berlin | Weimar | Dresden
www.boorberg.de

Vorbemerkung

Eine tabellarische Übersicht über die rechtlichen und steuerlichen Wesensmerkmale der einzelnen Gesellschaftsformen, wie sie hier gegeben wird, kann und soll kein Ersatz für ein Lehrbuch oder Nachschlagewerk auf diesem Gebiet sein. Das Wesen einer so knappen Darstellung wäre damit verkannt. Der Sinn und Zweck dieser Übersicht wurde vielmehr darin gesehen, eine Gedächtnisstütze zu geben. Durch die Hinführung auf das Wesentliche und das Herausstellen der strukturellen Charakteristik werden dem Praktiker rasch eine allgemeine Orientierung ermöglicht und den betrieblichen Entscheidungsträgern die problemspezifischen Zusammenhänge und Besonderheiten deutlich gemacht. Für den Lernenden kann eine solche vergleichende Übersicht ein brauchbares Hilfsmittel zum besseren Erfassen der Systematik sein. Auch zur Wiederholung des Stoffgebietes, zu Prüfungsvorbereitungen für Studierende und Anwärter für einschlägige Berufsexamina wird die knappe Form der Darstellung nützlich sein.

Für besonders wichtig wurde es erachtet, sowohl die handelsrechtlichen als auch die steuerlichen Aspekte darzustellen. In der Praxis sind beide Seiten gleichermaßen von Bedeutung und daher in die Überlegungen über die Wahl der zweckmäßigen Unternehmensform und die Gestaltung einer Gesellschaft einzubeziehen.

Der tabellarischen Darstellung wird eine kurze Einführung mit allgemeinen begrifflichen Erklärungen und dem Aufzeigen der grundsätzlichen Strukturmerkmale und Rechtsquellen vorausgeschickt.

Die rechtlichen Wesensmerkmale der einzelnen Unternehmensformen sind in der tabellarischen Übersicht dadurch in vergleichender Weise heraus und gegenübergestellt, dass zu ausgewählten wesentlichen Kriterien in knapper Form Stellung genommen wurde. Die Partnerschaftsgesellschaft als Sonderform für die Freien Berufe wurde getrennt dargestellt (S. 75).

Die steuerliche Behandlung der Gesellschaften und der Gesellschafter wurde für die verschiedenen Gesellschaftsformen, gegliedert nach den wichtigsten Steuerarten, dargestellt.

Die wichtigsten Bestimmungen zur Rechnungslegung, Erstellung, Prüfung und Veröffentlichung des Jahresabschlusses und des Lageberichts mit ihren rechtsformbedingten Unterschieden sind in ihren Grundzügen in dieser Broschüre enthalten. Weitergehende Informationen zu diesem Thema enthält die im gleichen Verlag erschienene Broschüre „Bilanzierung und Rechnungslegung nach Handels- und Steuerrecht in tabellarischen Übersichten“, die in der 8. Auflage vorliegt.

Vorbemerkung zur 23. Auflage

Die Neuauflage erforderte wieder eine umfassende Überarbeitung. Eine Reihe von handels- und gesellschaftsrechtlichen, aber auch steuerrechtlichen Gesetzesänderungen galt es zu berücksichtigen. Zu einem nicht unerheblichen Teil waren diese durch die Corona-Pandemie bedingt.
Die wichtigsten Neuregelungen für diese Auflage sind:

- Gesetz zur Reform des Grundsteuer- und Bewertungsrechts (Grundsteuer-Reformgesetz – GrStRefG) vom 26. November 2019 (BGBl. I 2019, S. 1794)
- Gesetz zur Umsetzung der zweiten Aktionärsrechterichtlinie (ARUG II) vom 12. Dezember 2019 (BGBl. I 2019, S. 2637)
- Gesetz zur steuerlichen Förderung von Forschung und Entwicklung vom 14. Dezember 2019 (BGBl. I 2019, S. 2763)
- Gesetz zur Einführung einer Pflicht zur Mitteilung grenzüberschreitender Steuergestaltungen vom 21. Dezember 2019 (BGBl. I 2019, S. 2875)
- Gesetz zur vorübergehenden Aussetzung der Insolvenzantragspflicht und zur Begrenzung der Organhaftung bei einer durch die COVID-19-Pandemie bedingten Insolvenz (COVID-19-Insolvenzaussetzungsgesetz – COVInsAG) vom 27. März 2020 (BGBl. I 2020, S. 569)
- Gesetz über Maßnahmen im Gesellschafts-, Genossenschafts-, Vereins-, Stiftungs- und Wohnungseigentumsrecht zur Bekämpfung der Auswirkungen der COVID-19-Pandemie vom 27. März 2020 (BGBl. I 2020, S. 570)
- Gesetz zur Umsetzung steuerlicher Hilfsmaßnahmen zur Bewältigung der Corona-Krise (Corona-Steuerhilfegesetz) vom 19. Juni 2020 (BGBl. I 2020, S. 1385)
- Zweites Gesetz zur Umsetzung steuerlicher Hilfsmaßnahmen zur Bewältigung der Corona-Krise (Zweites Corona-Steuerhilfegesetz) vom 29. Juni 2020 (BGBl. I 2020, S. 1512)

Es gibt viele Aspekte, die bei der Wahl einer zweckmäßigen Unternehmensform zu berücksichtigen sind. Die handels- und steuerrechtlichen Regelungen sind aber neben den gesellschaftsrechtlichen immer unter den wichtigsten Gesichtspunkten mit einzubeziehen, um in jedem Einzelfall eine ausgewogene Entscheidung treffen zu können.

Die Verfasser

Inhaltsverzeichnis

I. Grundsätzliches zum Gesellschaftsrecht und zur Besteuerung der Gesellschaften und der Gesellschafter

1. Begriff und Wesen einer Gesellschaft

Wenn ein Unternehmen nicht nur von einer Person, sondern von mehreren gemeinsam getragen wird, spricht man von einer Gesellschaft. Eine solche Gesellschaft ist eine privatrechtliche, durch Rechtsgeschäft begründete Personenvereinigung zur Erreichung eines gemeinschaftlichen Zwecks und beruht auf einem freiwillig abgeschlossenen Gesellschaftsvertrag.

Bei Kapitalgesellschaften, die juristische Personen sind, können allerdings auch alle Gesellschaftsanteile von einer Person gehalten werden. Man spricht in solchen Fällen – begrifflich unscharf – von Einmann- oder Einpersonengesellschaften. Die Gesellschaft steht dann als Rechtssubjekt neben dem Gesellschafter.

2. Rechtsnatur des Gesellschaftsrechts

Die gesellschaftliche Verbundenheit begründet unter den Gesellschaftern ein gegenseitiges Treueverhältnis, bei dem die Sonderinteressen der einzelnen Gesellschafter sich dem Gemeinschaftsinteresse weitgehend unterordnen oder mit diesem in Einklang gebracht werden müssen. Daraus ergibt sich die Eigenart des Gesellschaftsrechts, bei dem es sowohl um Schutz und Sicherung der gemeinsamen Interessen mehrerer Personen gegenüber Dritten als auch um den Ausgleich und die Abstimmung der Interessen der Gesellschafter untereinander geht.

Dementsprechend ist zwischen Innen- und Außenverhältnis zu unterscheiden.

3. Rechtsquellen des Gesellschaftsrechts

Die gesellschaftsrechtlichen Vorschriften sind nicht einheitlich kodifiziert. Die maßgeblichen Bestimmungen finden sich in verschiedenen Gesetzen verstreut.

Die beiden Grundformen Verein als juristische Person und Gesellschaft bürgerlichen Rechts (Grundlage für Personengesellschaften) sind im BGB geregelt. Das Recht der Personengesellschaften des Handelsrechts (OHG, KG und Stille Gesellschaft) und auch der Reederei sind im HGB verankert. Daneben sind insbesondere für die Kapitalgesellschaften Sondergesetze ergangen, wie das Aktiengesetz (AktG) vom 30. 1. 1937 mit grundlegender Neufassung vom 6. 9. 1965 und zahlreichen späteren Änderungen sowie das GmbH-Gesetz (GmbHG) vom 20. 4. 1892 in der Fassung vom 20. 5. 1898, novelliert mit Wirkung vom 1. 11. 2008; auch das Recht der Genossenschaften ist in einem besonderen Gesetz, dem Gesetz betreffend die Erwerbs- und Wirtschaftsgenossenschaften in der Fassung der Bekanntmachung vom 16. 10. 2006, geregelt. Diese Gesetze haben durch das Bilanzrichtliniengesetz vom 19. 12. 1985, durch welches das 3. Buch des HGB über Handelsbücher neu eingefügt wurde, durch das Bilanzrechtsmodernisierungsgesetz (BilMoG) vom 25. 5. 2009 und das Bilanzrichtlinie-Umsetzungsgesetz (BilRUG) vom 17. 7. 2015 wesentliche Änderungen erfahren.

Von den zwischenzeitlich erfolgten Änderungen der verschiedenen Gesetze ist die Änderung des Aktiengesetzes durch das Gesetz zur Schaffung der kleinen Aktiengesellschaft und zur Deregulierung des Aktienrechtes vom 2. 8. 1994 von besonderer Bedeutung.

Für Angehörige der freien Berufe liegt ein eigenes Gesetz, das Partnerschaftsgesellschaftsgesetz vor, das seit 1. 7. 1995 die Errichtung von Partnerschaftsgesellschaften regelt.

Durch Gesetz vom 15. 7. 2013 wurde nach langwieriger Debatte die Partnerschaftsgesellschaft mit beschränkter Berufshaftung eingeführt (vgl. S. 78)

Das Konzernrecht ist bisher nicht in einem eigenen Gesetz kodifiziert worden, sondern ist im dritten Buch des Aktiengesetzes 1965 enthalten. Die gesetzlichen Grundlagen für den Konzernabschluss nach nationalen Vorschriften mit einer Kapitalgesellschaft an der Spitze finden sich im zweiten Abschnitt des 3. Buches des HGB über Handelsbücher (§§ 290 bis 315e HGB). Für den Konzernabschluss nach IFRS bildet die Verordnung (EG) Nr. 1606/2002 vom 19. 7. 2002 in Verbindung mit § 315e HGB den Rechtsrahmen. Für alle Arten von Unternehmungen, für die keine Verpflichtung zur öffentlichen Rechnungslegung nach anderen Gesetzen besteht, ist ab einer bestimmten Größenordnung außerdem noch das Publizitätsgesetz vom 15. 8. 1969 zu berücksichtigen.

Hinsichtlich der Fragen der Mitbestimmung der Arbeitnehmer sind die jeweils maßgeblichen Gesetze zu beachten, insbesondere das Betriebsverfassungsgesetz, das Mitbestimmungsgesetz und das Montan-Mitbestimmungsgesetz sowie das Drittelbeteiligungsgesetz.

4. Harmonisierungsmaßnahmen im Rahmen der EU

Das Gesellschaftsrecht und die Gesellschaftsformen weisen in den verschiedenen Staaten zum Teil wesentliche Unterschiede auf.

Auf der Grundlage von Artikel 54 Abs. 3 Buchstabe g EWGV sind vom Rat der EG verschiedene Richtlinien zur Harmonisierung der gesellschaftsrechtlichen Vorschriften verabschiedet worden. Die Umsetzung dieser Richtlinien ins deutsche Recht ist inzwischen erfolgt.

Die Vollendung des Binnenmarkts macht nicht nur die Beseitigung von Handelsschranken erforderlich, sondern verlangt auch, Produktionsstrukturen an die Gemeinschaftsdimension anzupassen. Dazu ist es wesentlich, dass Gesellschaften jedweder Form, deren Geschäftstätigkeit über die Befriedigung des rein lokalen Bedarfs hinausgeht, in der Lage sein sollten, die Umstrukturierung ihres Geschäftsbetriebs zwecks Ausdehnung auf die Gemeinschaftsebene zu planen und durchzuführen. Der auf einzelstaatlichem Recht bestehende Rechtsrahmen für die Schaffung von Unternehmensgruppen mit Unternehmen aus verschiedenen Mitgliedstaaten ist hierfür aber nicht angemessen. Aus diesem Grund wurden inzwischen drei supranationale Rechtsformen geschaffen,

- die Europäische wirtschaftliche Interessenvereinigung (EWIV),
- die Europäische AG (Societas Europaea – SE) und
- die Europäische Genossenschaft (Societas Cooperativa Europaea – SCE).

Eine weitere europäische Gesellschaft, die Einpersonengesellschaft (Societas Unius Personae – SUP), ist nach dem Scheitern der Europäischen Privatgesellschaft für kleine und mittlere Unternehmen (Societas Privata Europaea – SPE) in Planung (vgl. S. 16, 90).

Auf der Grundlage der Verordnung des Rates vom 25.7.1985 über die Schaffung einer europäischen wirtschaftlichen Interessenvereinigung sind durch das Gesetz zur Ausführung der EWG-Verordnung über die europäische wirtschaftliche Interessenvereinigung (EWIV-Ausführungsgesetz) vom 14.4.1988 die Voraussetzungen für die EWIV in der Bundesrepublik geschaffen worden.

Die EWIV ermöglicht EG-Unternehmen in bestimmten Tätigkeitsgebieten mit anderen EG-Unternehmen zusammenzuarbeiten. Sie beruht unmittelbar auf EG-Recht. Die Eintragung erfolgt in die nationalen Register. Ein besonderes Kapital ist nicht erforderlich. Ein gemeinsamer Erwerbszweck besteht nicht. Gewinne aus den Tätigkeiten der Vereinigung gelten als Gewinne der Mitglieder und werden von diesen versteuert.

Durch EG-Verordnung (Nr. 2157/2001 vom 8. 10. 2001), die am 8. 10. 2004 in Kraft getreten ist und in jedem Mitgliedstaat unmittelbar gilt, wurde die Voraussetzung für die Errichtung einer Europäischen AG bzw. Societas Europaea (SE), geschaffen. Die SE-VO wird flankiert durch das Gesetz über steuerliche Begleitmaßnahmen zur Einführung der Europäischen Gesellschaft und zur Änderung weiterer steuerrechtlicher Vorschriften (SEStEG) vom 7. 12. 2006, BGBl. I 2006, S. 2782, welches primär das Umwandlungsteuergesetz geändert hat und dadurch grenzüberschreitende Umstrukturierungen von Unternehmen innerhalb der EU steuerneutral ermöglicht.

Mit der Einführung der SE soll europaweit agierenden Unternehmen die grenzüberschreitende Betätigung dadurch erleichtert werden, dass sie grenzüberschreitend zur SE verschmelzen und sich dabei nur einer Rechtspersönlichkeit bedienen. Diese EU-einheitliche Gesellschaftsform hat den Vorteil, dass es zur Gründung von Produktionsstätten oder Niederlassungen im Ausland nicht mehr notwendig ist, Tochtergesellschaften nach unterschiedlichen nationalen Vorschriften zu errichten.

Die länderübergreifenden Tätigkeiten von Genossenschaften werden durch die Möglichkeit für natürliche oder juristische Personen unterstützt, neue Genossenschaften auf europäischer Ebene zu gründen (Europäische Genossenschaft – Societas Cooperativa Europaea – SCE). Einschlägig ist die Verordnung (EG) Nr. 1435/2003 des Rates vom 22. 7. 2003 über das Statut SCE. Zur Umsetzung in Deutschland wurde das Gesetz zur Einführung der Europäischen Genossenschaft und zur Änderung des Genossenschaftsrechts (EGSCE) vom 14. 8. 2006, BGBl. I 2006, S. 1911 erlassen.

Derzeit ist eine weitere europäischen Rechtsform in Planung, um den Zugang für kleine und mittlere Unternehmen (KMU) zum Binnenmarkt zu verbessern. Bei der europäischen Einpersonengesellschaft (Societas Unius Personae – SUP) soll es sich um eine Gesellschaft mit einem einzigen Gesellschafter (Einpersonengesellschaft) handeln, bei der die Haftung auf das Gesellschaftsvermögen beschränkt ist, wie beispielsweise bei der GmbH (Vorschlag für eine Richtlinie der Europäischen Parlaments und des Rates über Gesellschaften mit beschränkter Haftung mit einem einzigen Gesellschafter vom 9. 4. 2014).

Von erheblicher Bedeutung war die Umsetzung der 4. (Bilanzrichtlinie), 7. (Konzernabschlussrichtlinie) und 8. (Bilanzprüferrichtlinie) Richtlinie durch das Bilanzrichtliniengesetz vom 19. 12. 1985. Dem folgten weitere europarechtliche Vorgaben zur Rechnungslegung, nämlich die IFRS-Verordnung (Verordnung EG Nr. 1606/2002 vom 19. 7. 2002), die Fair-Value-Richtlinie (2001/65/ EG vom 27. 9. 2001), die Schwellenwertrichtlinie (2003/38/ EG vom 13. 5. 2003), die Modernisierungsrichtlinie (2003/51/ EG vom 18.6.2003) und die Micro-Richtlinie vom 14.3.2012. Diese Richtlinien fanden ihre Umsetzung im Wesentlichen im Bilanzrechtsreformgesetz (BilReG) vom 4.12.2004, im Bilanzrechtsmodernisierungsgesetz (BilMoG) vom 25.5.2009, sowie im Kleinstkapitalgesellschaften-Bilanzrechtsänderungsgesetz (MicroBilG) vom 20.12.2012. Die Richtlinie 2013/34/EU vom 26.6.2013 über den Jahresabschluss, den konsolidierten Abschluss und damit verbundene Berichte von Unternehmen bestimmter Rechtsformen (EU-Rechnungslegungsrichtlinie) soll vor allem mehr Klarheit und Vergleichbarkeit schaffen und wurde durch das Bilanzrichtlinie-Umsetzungsgesetz (BilRUG) vom 17.7.2015 in nationales Recht transferiert.

5. Innen- und Außenverhältnis

Grundsätzlich ist bei allen Gesellschaften das Innen- und das Außenverhältnis zu unterscheiden. Unter dem Innenverhältnis versteht man die Beziehungen der Gesellschafter untereinander, d. h. ihre gegenseitigen Rechte und Pflichten sowie das Verhältnis der Gesellschaft zu ihren Gesellschaftern. Das Außenverhältnis betrifft die Beziehungen zu dritten Personen, die außerhalb des Unternehmens stehen. Dementsprechend betreffen z. B. die Angelegenheiten der Geschäftsführung das Innenverhältnis, die Vertretung der Gesellschaft gegenüber Dritten das Außenverhältnis.

Da bei der Stillen Gesellschaft der stille Gesellschafter nach außen nicht in Erscheinung tritt und das Vorhandensein einer Gesellschaft Dritten meist nicht bekannt wird, spricht man hier auch von einer sogenannten Innengesellschaft.

6. Stellung des Gesellschaftsvermögens

Für die vermögensrechtliche Stellung und Behandlung von Gesellschaftsvermögen sind drei Möglichkeiten zu unterscheiden: Bruchteilsgemeinschaft, Gesamthandsgemeinschaft, eigenes Vermögen der juristischen Person.

Bruchteilsgemeinschaft

Bei der Bruchteilsgemeinschaft ist für jeden Teilhaber sein Miteigentumsanteil an jedem einzelnen Gegenstand bruchteilsmäßig festgelegt. Er kann darüber grundsätzlich einzeln verfügen. Dadurch wird im Allgemeinen nur eine geringe und lose Bindung geschaffen, die den Erfordernissen einer Gesellschaft meist nicht gerecht wird. Man findet deshalb die Bruchteilsgemeinschaft regelmäßig nur z. B. bei Grundstücksgemeinschaften und Wohnungseigentümergemeinschaften nach dem Wohnungseigentumsgesetz sowie bei sonstigen schlichten Rechtsgemeinschaften. Auch bei Gelegenheitsgesellschaften, die von vornherein nur kurzfristigen Charakter tragen, wird sie verschiedentlich vereinbart.

Gesamthandsgemeinschaft

Bei der Gesamthandsgemeinschaft können die Gesellschafter nicht einzeln, sondern nur gemeinsam, mit „gesamter Hand" über die zum Gesellschaftsvermögen gehörenden Gegenstände verfügen. Auch ist regelmäßig die freie Verfügung über den Anteil am Gesamtvermögen ausgeschlossen. Oft wird jedoch vereinbart, dass der Anteil am Gesamtgut zusammen mit der Mitgliedschaft übertragen werden kann. Ein Nichtgesellschafter kann jedoch nicht Teilhaber an der Gesamthandsgemeinschaft werden. Die Gemeinschaft zur gesamten Hand stellt für die BGB-Gesellschaft und für die Personengesellschaften des Handelsrechts ebenso wie für die Partnerschaftsgesellschaft den Normalfall dar. Ähnliches gilt auch für die Erbengemeinschaft.

Die gesamthänderische Bindung des Gesellschaftsvermögens kann sich jedoch unter manchen Bedingungen des Wirtschaftslebens als zu wenig flexibel erweisen.

Wie die Probleme bei der Fortführung eines Unternehmens durch eine Erbengemeinschaft verdeutlichen, ist dies insbesondere dann der Fall, wenn keine näheren (handels-)rechtlichen Bestimmungen die Verfügung über das Vermögen erleichtern. Es werden daher oft abweichende Regelungen vereinbart.

Eigenes Vermögen von juristischen Personen

Bei der juristischen Person haben die Mitglieder nur noch Ansprüche an die Gesellschaft, aber keinen Anteil mehr an den einzelnen Vermögensgegenständen oder am Gesellschaftsvermögen als solchem. Die Gesellschaft ist hier selbst Eigentümerin des Gesellschaftsvermögens. Ein Gesellschafterwechsel berührt die Stellung des Gesellschaftsvermögens nicht. Die Kapitalgesellschaften (GmbH, AG, SE, KGaA), die Genossenschaften und der eingetragene Verein sind juristische Personen.

7. Arten der Gesellschaften und ihre Einteilung

Die Gesellschaften lassen sich nach verschiedenen Gesichtspunkten einteilen. Die gebräuchlichsten Einteilungen sind:
- Handelsgesellschaften und Gesellschaften bürgerlichen Rechts,
- rechtsfähige und nichtrechtsfähige Gesellschaften,
- Personen- und Kapitalgesellschaften.

Die Einteilungen lassen sich jedoch nicht immer exakt vornehmen, da sich in der Praxis verschiedene Misch- oder Zwischenformen, entsprechend den jeweiligen Bedürfnissen, entwickelt haben wie z. B. die GmbH u. Co. KG oder die Einpersonengesellschaft.

Handelsgesellschaften – Gesellschaften bürgerlichen Rechts

Handelsgesellschaften, für welche die Vorschriften des HGB gelten, sind die OHG und die KG, die notwendigerweise ein kaufmännisches Gewerbe betreiben müssen, sowie die GmbH, die AG und die KGaA, die kraft ihrer Rechtsform Kaufleute sind. Keine eigentlichen Handelsgesellschaften, aber diesen weitgehend gleichgestellt sind die Genossenschaften. Die Stille Gesellschaft ist trotz ihrer Regelung im HGB keine Handelsgesellschaft, da nicht sie, sondern der geschäftsführende Gesellschafter (Geschäftsinhaber) ein Handelsgewerbe betreibt.

Im Gegensatz zu den Handelsgesellschaften stehen die Gesellschaften bürgerlichen Rechts. Für sie gilt nicht das Handelsrecht, sondern das bürgerliche Recht. Dazwischen steht die in einem eigenen Gesetz für die Freiberufler geregelte Partnerschaftsgesellschaft. Sie wird im Partnerschaftsregister, das beim Amtsgericht geführt wird, eingetragen.

Rechtsfähige Gesellschaften – nicht rechtsfähige Gesellschaften

Die Unterscheidung nach rechtsfähigen und nicht rechtsfähigen Gesellschaften hat insbesondere Bedeutung im Rechtsverkehr nach außen. Bei den nicht rechtsfähigen Vereinigungen sind grundsätzlich die Mitglieder die Rechtsträger. Hier entsteht kein neues Rechtssubjekt.

Bei den rechtsfähigen Gesellschaften wurde dagegen ein selbstständiger Rechtsträger, eine juristische Person geschaffen. Keine eigene Rechtsfähigkeit haben die BGB-Gesellschaft, die OHG und die KG, obwohl sich die beiden Letzteren in verschiedenen Punkten der juristischen Person nähern. So besitzen die OHG und die KG Grundbuch-, Prozess- und Deliktsfähigkeit.

Man spricht daher auch von Teilrechtsfähigkeit. In diese Gruppe ist auch die Partnergesellschaft, die für freie Berufe in Betracht kommt, einzuordnen. Neuerdings wird auch die BGB-Gesellschaft als parteifähig angesehen (BGH vom 29.1.2001).

Rechtsfähige Personenvereinigungen sind die AG, die SE, die GmbH, die KGaA, die Genossenschaft und der eingetragene Verein.

Personengesellschaften – Kapitalgesellschaften

Je nachdem, ob die Person des Gesellschafters oder seine Kapitalbeteiligung im Vordergrund steht, unterscheidet man zwischen Personen- und Kapitalgesellschaften.

Personengesellschaften sind die BGB-Gesellschaft, die OHG, die KG und die Stille Gesellschaft. Dazu gehört auch die Partnerschaftsgesellschaft, die jedoch ausschließlich für freie Berufe in Betracht kommt. Hier ist ein Gesellschafterwechsel nicht ohne Weiteres möglich, sondern bedarf grundsätzlich der Zustimmung der anderen Gesellschafter.

Bei den Kapitalgesellschaften, bei denen der kapitalmäßigen Beteiligung die größere Bedeutung zukommt, berühren Tod oder Ausscheiden eines Gesellschafters den Bestand der Gesellschaft nicht. Die Gesellschafter haften nicht persönlich. Geschäftsführung und Vertretung der Gesellschaft liegen bei besonderen Organen. Bei Abstimmungen werden die Kapitalanteile zugrunde gelegt.

Kapitalgesellschaften sind die AG, die SE und die GmbH. Auch die KGaA wird man hinsichtlich der Kommanditaktionäre dazurechnen. Die Stellung des persönlich haftenden Gesellschafters ist dagegen mehr von der Person her bestimmt.

Es sei nochmals erwähnt, dass auch die Unterscheidung nach Personen- und Kapitalgesellschaften nur grundsätzlicher Natur ist. Die Praxis hat viele Zwischenformen bzw. Ausgestaltungen hervorgebracht. Sie liegen zwischen den typischen Grundformen der Publikumsaktiengesellschaft auf der einen und der Offenen Handelsgesellschaft auf der anderen Seite. Als Beispiel hierfür seien die Familienkapitalgesellschaft, die Einmanngesellschaft, die GmbH u. Co. KG und solche Personengesellschaften erwähnt, bei denen durch eine entsprechende körperschaftliche Innenorganisation der organisatorische Aufbau weitgehend den Kapitalgesellschaften angeglichen ist.

Besondere Bedeutung hat die GmbH u. Co. KG erlangt. Sie ist eine KG mit der Besonderheit, dass als Komplementär eine Kapitalgesellschaft und nicht eine natürliche Person fungiert. Wegen ihrer großen praktischen Bedeutung und den sich dabei ergebenden rechtlichen und steuerlichen Besonderheiten wurde sie in den tabellarischen Übersichten gesondert aufgeführt. Für die selten gewählte AG u. Co. KG und die SE u. Co. KG gelten die Ausführungen zur GmbH u. Co. KG entsprechend.

Die Genossenschaften haben eine eigene Rechtsnatur. Man kann sie weder zu den Kapitalgesellschaften noch zu den Personengesellschaften rechnen. Sie haben zwar in verschiedener Beziehung ähnlichen Charakter wie die Kapitalgesellschaften; den Mitgliedern als Personen kommt jedoch mehr Bedeutung zu. Auch wegen ihrer sonstigen Eigenart kann man sie nicht generell zu den Kapitalgesellschaften rechnen. Ein eigener Erwerbszweck ist nicht erforderlich, sondern im Vordergrund steht die Förderung des Erwerbs oder der Wirtschaft ihrer Mitglieder.

8. Rechtsformbedingte Unterschiede bei der Rechnungslegung

Im Hinblick auf Art und Umfang der Rechnungslegung, die im 3. Buch des HGB für alle Kaufleute geregelt ist, bestehen grundsätzliche Unterschiede zwischen den Einzelkaufleuten und Personengesellschaften einerseits und den Kapitalgesellschaften und Genossenschaften andererseits. Die Unterschiede sind nicht allein sachlich begründet, sondern beruhen weitgehend auf den Vorgaben der gesellschaftsrechtlichen EG-Richtlinien.

Im 1. Abschnitt des 3. Buches des HGB sind die allgemeinen, für alle Kaufleute geltenden Rechtsvorschriften enthalten. Im 2. Abschnitt sind die Abweichungen und zusätzlichen Erfordernisse für Kapitalgesellschaften (GmbH, AG, SE, KGaA) sowie bestimmte Personenhandelsgesellschaften (z. B. GmbH & Co. KG) geregelt. Für sie gelten auf Grund der Haftungsbeschränkungen wesentlich strengere Vorschriften. Im 3. Abschnitt des 3. Buches des HGB sind die Besonderheiten für Genossenschaften festgelegt. Sie decken sich weitgehend mit den Vorschriften für Kapitalgesellschaften.

Sowohl der Umfang des Jahresabschlusses (Anhang nur bei Kapitalgesellschaften und Genossenschaften) als auch die Gliederungs- und Bewertungsvorschriften sind jeweils unterschiedlich, ebenso die für die Aufstellung und Feststellung des Jahresabschlusses zu beachtenden Fristen. Gleiches gilt auch für die Verpflichtung zur Erstellung eines Lageberichtes.

Für die Fragen der Aufstellung, der Prüfungspflicht und des Umfangs der Offenlegung des Jahresabschlusses von Kapitalgesellschaften und Genossenschaften ist außerdem die größenklassenmäßige Einstufung maßgebend. Das HGB unterscheidet zwischen Kleinstkapitalgesellschaften, kleinen, mittelgroßen und großen Kapitalgesellschaften, für die in § 267 und § 267a HGB konkrete Größenordnungsmerkmale festgelegt sind.

Eine Überprüfung und ggf. Anpassung der Größenmerkmale für die Einteilung der Kapitalgesellschaften nimmt die Kommission nach Art. 3 Abs. 13 EU-Rechnungslegungsrichtlinie 2013/34/EU vom 26. 6. 2013 mindestens alle fünf Jahre vor.

Es gelten nunmehr folgende Größenordnungsmerkmale (§§ 267, 267a HGB):

	Kleinst-KapG	**kleine KapG**	**mittelgroße KapG**	**große KapG**
Bilanzsumme	bis 350.000 €	über 350.000 € bis 6 Mio €	über 6 Mio. € bis 20 Mio. €	über 20 Mio. €
Umsatzerlöse	bis 700.000 €	über 700.000 € bis 12 Mio. €	über 12 Mio. € bis 40 Mio. €	über 40 Mio. €
Arbeitnehmer (Jahresdurchschnitt)	bis 10	über 10 bis 50	über 10 bis 250	über 250

Von den 3 Größenordnungsmerkmalen müssen jeweils mindestens 2 an 2 aufeinanderfolgenden Geschäftsjahren vorliegen (§ 267 Abs. 4 HGB).

Die Unterschiede bei der Rechnungslegung und der Offenlegung sind oft mitentscheidend für die Wahl der Rechtsform. Im Rahmen der EU musste die GmbH u. Co KG (Kapitalgesellschaft u. Co KG) bei der Rechnungslegung und der Offenlegung den Kapitalgesellschaften gleichgestellt werden. Dies erfolgte durch das Kapitalgesellschaften und Co.-Richtliniengesetz (KapCoRiLiG) vom 9. 3. 2000.

Für die sonstigen Kaufleute (nicht Kapitalgesellschaften und Genossenschaften) sind noch die Vorschriften des PublG zu beachten, sofern bestimmte Größenordnungsmerkmale erreicht sind. Die dafür maßgeblichen Größenordnungen sind mit der Bilanzsumme von 65 Mio. Euro, einem Umsatz von 130 Mio. Euro und einer Arbeitnehmerzahl von 5.000, wovon jeweils zwei Merkmale in drei aufeinanderfolgenden Jahren überschritten sein müssen, relativ hoch angesetzt (§ 1 Abs. 1 PublG).

Sofern bei einer Gesellschaft keine Kaufmannseigenschaft vorliegt (z. B. BGB-Gesellschaft und Partnerschaftsgesellschaft) und sie nicht im Handelsregister eingetragen ist, gelten die Vorschriften des HGB nicht. Es braucht keine kaufmännische Buchführung vorzuliegen. Eine Einnahmen-Ausgabenrechnung i. S. v. § 4 Abs. 3 EStG reicht aus. Ebenfalls nur eine Einnahmen-Ausgabenrechnung brauchen Einzelkaufleute aufzustellen, die an den

Abschlussstichtagen von zwei aufeinander folgenden Geschäftsjahren nicht mehr als 600.000 € Umsatzerlöse und 60.000 € Jahresüberschuss aufweisen; sie brauchen keine Bücher zu führen (§ 241a HGB).

Zu den Fragen des Konzernabschlusses siehe Nr. 12 „Verbundene Unternehmen (Konzernrecht)“ S. 25.

9. Bedeutung des Gesellschaftsvertrags

Da die gesetzlichen Bestimmungen oft nur den Rahmen für eine gesellschaftliche Betätigung abgeben und sie insbesondere bei der GmbH zum großen Teil dispositiver Natur sind, kommt im Gesellschaftsrecht den vertraglichen Regelungen große Bedeutung zu. Es kann nicht nachdrücklich genug betont werden, wie wichtig ein gut und klar abgefasster Vertrag bzw. eine Satzung für die gesellschaftliche Zusammenarbeit ist. In ihm bzw. ihr sollten neben der Regelung der laufenden Zusammenarbeit besonders auch die Probleme behandelt sein, die sich bei Tod, Krankheit, Alter usw. eines Gesellschafters ergeben. Gerade in solchen Fällen ergeben sich bei Fehlen klarer vertraglicher Regelungen oft Streitigkeiten, die nicht selten zur vernunftwidrigen Auflösung gesellschaftlicher Unternehmen und zur Vernichtung wirtschaftlicher Werte führen.

Allgemein ist zu beachten, dass – schematisch ausgedrückt – folgende Reihenfolge für die Anwendung der gesetzlichen und vertraglichen Bestimmungen gilt:

1. Zwingendes Gesetzesrecht.
2. Vertragliche oder satzungsmäßige Regelungen.
3. Dispositive gesetzliche Bestimmungen (soweit vertraglich oder satzungsmäßig nichts bestimmt ist oder auf die gesetzlichen Bestimmungen verwiesen wird und bei Zweifelsfällen in der Auslegung).
4. Allgemeine oder branchenmäßige Handelsbräuche oder Usancen.

10. Gesellschaften und Gesellschafter im Steuerrecht

Steuerliche Überlegungen bei der Errichtung und Gestaltung von Gesellschaften

Art und Höhe der Besteuerung eines Unternehmens und seiner Träger hängen weitgehend von der gewählten Rechtsform ab. Häufig wird eine Gesellschaftsform mehr unter steuerlichen als unter handelsrechtlichen Gesichtspunkten gewählt. Nicht selten wird eine Gesellschaftsgründung überhaupt nur aus steuerlichen Überlegungen vorgenommen. Allerdings erweisen sich oft solche, nur unter steuerlichen Gesichtspunkten gewählten Konstruktionen, die den tatsächlichen wirtschaftlichen und rechtlichen Gegebenheiten nicht genügend Rechnung tragen, als unbefriedigend.

Zum andern ist es oft schwierig, alle möglichen, oft gegenläufigen steuerlichen Auswirkungen mit einzubeziehen. Neben der laufenden Besteuerung sind dabei die Auswirkungen eventueller Umwandlungen, Liquidationen, Vererbungen oder eines sonstigen Gesellschafterwechsels oder eines Ausscheidens mit zu berücksichtigen.

Auf jeden Fall sollten aber bei einer Gesellschaftsgründung oder beim Eingehen einer Beteiligung die steuerlichen Aspekte – insbesondere bei der Vertragsgestaltung – eingehend geprüft und entsprechend berücksichtigt werden.

Beachtung der bürgerlich-rechtlichen Gestaltung für die Besteuerung mit gewissen Einschränkungen

Grundsätzlich knüpft die steuerliche Behandlung an die bürgerlich-rechtliche (handelsrechtliche) Gestaltung der Rechtsbeziehungen an. Die Besteuerung von Gesellschaften und Gesellschaftern richtet sich daher im Einzelfall nach der jeweils gewählten Rechtsform. Einige Einschränkungen dieses Grundsatzes ergeben sich jedoch durch gewisse andere steuerliche Prinzipien, wie z. B. die wirtschaftliche Betrachtungsweise und Zurechnung nach § 39 AO sowie die Anwendung des § 42 AO, wonach durch Missbrauch von Gestaltungsmöglichkeiten des Rechts das Steuergesetz nicht umgangen werden kann. In diesem Falle sind die Steuern so zu erheben, wie sie bei einer den wirtschaftlichen Vorgängen angemessenen rechtlichen Gestaltung zu erheben wären. Familiengesellschaften sind davon besonders betroffen. Bei Auslandsbeziehungen sind außerdem die ähnlich gelagerten Korrekturmöglichkeiten nach § 1 Außensteuergesetz bzw. die Versagung der steuerlichen Anerkennung von Basis- oder Zwischengesellschaften zu beachten.

Von Bedeutung ist in diesem Zusammenhang für Körperschaften als selbstständige Steuersubjekte auch das Rechtsinstitut der verdeckten Gewinnausschüttung, worunter alle gewinnmindernden Zuwendungen und Vorteilsgewährungen an Gesellschafter oder ihnen nahe stehenden Personen fallen, die mit Rücksicht auf die Gesellschaftereigenschaften gemacht werden und von einem ordentlichen Geschäftsleiter einem fremden Dritten gegenüber nicht gemacht worden wären. Eine verdeckte Gewinnausschüttung kann auch bei einer Vermögensminderung (verhinderte Vermögensmehrung) der Kapitalgesellschaft eintreten*. Verdeckte Gewinnausschüttungen mindern das Einkommen nicht (§ 8 Abs. 3 KStG). In entsprechender Weise ist das Problem der verdeckten Einlage zu beachten.

Unterschiedlicher Einfluss der Gesellschaftsform bei den verschiedenen Steuerarten

Der Einfluss der Gesellschaftsform auf die Besteuerung ist bei den einzelnen Steuerarten verschieden. Aus diesem Grunde erfolgte die Gliederung der tabellarischen Übersicht nach Steuerarten. So besteht z. B. bei den Betriebssteuern – wie Umsatz- und Gewerbesteuer –, die grundsätzlich auf das Unternehmen als solches, losgelöst von der Rechtsform, abstellen, im Allgemeinen kein wesentlicher Unterschied. Dagegen sind bei der Einkommens- und Vermögensbesteuerung** grundsätzliche Strukturunterschiede zu beachten. Dies bedeutet, dass bei einem Vergleich der Steuerbelastung sowohl die Gesellschafts- als auch die Gesellschafterebene zu berücksichtigen sind.

Wichtigster Unterschied zwischen Kapitalgesellschaften (Körperschaften) und nicht voll rechtsfähigen Personengesellschaften

Die wichtigste Unterscheidung in der steuerlichen Behandlung besteht zwischen Kapitalgesellschaften (Körperschaften) und Personengesellschaften. Nur Erstere sind mit ihrem Einkommen und ihrem Vermögen selbstständig steuerpflichtig (Körperschaft- und Vermögensteuer)**. Da bei den Gesellschaftern außerdem noch eine Besteuerung anteilig bezogener Gewinne und der Gesellschaftsanteile erfolgt, liegt hier eine gewisse Doppelbesteuerung vor. Bei den Personengesellschaften dagegen erfolgt jeweils nur eine anteilige Besteuerung der Gewinne und des Vermögens bei den Gesellschaftern. Neben der Bilanz der Gesellschaft sind hier auch evtl. Sonder- oder Ergänzungsbilanzen einzelner Gesellschafter zu beachten.

Seit 1. 1. 2001 ist das körperschaftsteuerliche Anrechnungsverfahren entfallen. Die Körperschaftsteuer wird als Definitivsteuer mit 15 % (bis Veranlagungszeitraum 2008 mit 25 %) festgesetzt. Als Ausgleich dafür werden die bezogenen Gewinnanteile bei der Einkommensteuer der Anteilseigner, soweit es sich um natürliche Personen handelt, nur zu 60 % (bis Veranlagungszeitraum 2008 mit 50 %) angesetzt (sogenanntes Teileinkünfte- bzw. Halbeinkünfteverfahren).

---

* Vgl. BFH vom 22. 2. 1989, BStBl. 1989, Teil II S. 475.

** Vermögensteuer wird seit 1. 1. 1997 wegen Verfassungswidrigkeit nicht mehr erhoben.

Steuerbegünstigung von Körperschaften

Sofern eine Körperschaft ausschließlich steuerbegünstigte Zwecke verfolgt, d. h. unmittelbar gemeinnützigen, mildtätigen oder kirchlichen Zwecken dient, kann sie von der Besteuerung befreit werden. Dies ergibt sich aus den einzelnen Steuergesetzen.

Die Voraussetzungen für die Anerkennung solcher steuerbegünstigter Körperschaften sind in den §§ 51 ff. AO geregelt.

Satzung und tatsächliche Geschäftsführung müssen den dort genannten Voraussetzungen entsprechen. Die beteiligten Personen dürfen keinen persönlichen Vorteil dabei erlangen.

Solche Steuerbegünstigungen gelten naturgemäß nur für Körperschaften, die selbstständige Steuersubjekte sind, nicht dagegen für Personengesellschaften, bei denen die beteiligten Personen anteilig besteuert werden.

11. Betriebsaufspaltung und Doppelgesellschaften

Personengesellschaften auf der einen und Kapitalgesellschaften auf der anderen Seite weisen grundsätzliche Unterschiede sowohl in ihrer handelsrechtlichen Struktur als auch hinsichtlich ihrer steuerlichen Handhabung und Belastung auf. Da beide Grundformen jeweils Vor- und Nachteile haben, hat man in der Praxis schon seit Langem versucht, die jeweiligen Vorteile zu verbinden und korrespondierend dazu die Nachteile zu minimieren. Man spricht dabei auch von Doppelgesellschaften.

Das hat einmal zur Entwicklung der GmbH u. Co. KG geführt, bei der dies aber nur zum Teil möglich ist. Zum anderen hat man mit Hilfe sogenannter Betriebsaufspaltungen – meist in ein Besitzpersonenunternehmen und in eine Betriebskapitalgesellschaft – versucht, ein Kombinations-Optimum der Vorteile beider Grundtypen unter Abwägung der handels- und steuerrechtlich relevanten Kriterien zu erreichen.

Dabei ist insbesondere zu prüfen, ob eine Betriebsaufspaltung auch im steuerlichen Sinne gegeben ist. Während der allgemeine Begriff der Betriebsaufspaltung zum Ausdruck bringt, dass eine wirtschaftliche Einheit rechtlich auf mehrere Unternehmen aufgeteilt wird, ist der Begriff der Betriebsaufspaltung im Sinne der steuerlichen, auf der Rechtsprechung des BFH beruhenden Betrachtung enger und an bestimmte Voraussetzungen gebunden. Betriebsaufspaltung im steuerlichen Sinne liegt nur vor, wenn bei den beteiligten Unternehmen, häufig Besitz- und Betriebsunternehmen, eine sachliche und personelle Verflechtung gegeben ist. Sachliche Verflechtung liegt nach der Rechtsprechung des BFH vor, wenn eine wesentliche Betriebsgrundlage (z. B. Grundstücke, Maschinen, Werksanlagen, Patente) einem anderen Unternehmen überlassen wird, was meist in Form eines Miet- oder Pachtverhältnisses geschieht. Personelle Verflechtung, die zusätzlich erforderlich ist, ist dann gegeben, wenn bei mehreren Unternehmen die gleichen Personen ihren geschäftlichen Betätigungswillen durchsetzen können. Liegt steuerlich Betriebsaufspaltung vor, wird die vermietende oder verpachtende Tätigkeit des Besitzunternehmens in Zusammenhang mit der Betriebsgesellschaft gesehen und als gewerblich eingestuft.

Nach der Rechtsprechung des BFH wird die sogenannte unechte Betriebsaufspaltung, d. h. wenn schon bei Gründung die Aufteilung auf mehrere Unternehmen erfolgt, der echten oder eigentlichen Betriebsaufspaltung, bei der ein bestehendes Unternehmen aufgespalten wird, in der steuerlichen Beurteilung gleichgestellt.

Da die Betriebsaufspaltung keine ausdrückliche gesetzliche Regelung erfahren hat, sondern ein Kind der Praxis bzw. der Rechtsprechung ist, müssen Änderungen in der Rechtsprechung und damit Unsicherheiten in der Gestaltung und Abwicklung bedacht werden.

Voraussetzungen und Konsequenzen der Betriebsaufspaltung zeigen die Schaubilder auf den Seiten 81 und 82.

12. Verbundene Unternehmen (Konzernrecht)

Das moderne Wirtschaftsleben wird in zunehmendem Maße von Unternehmensgruppen geprägt, bei denen zwar einzelne rechtliche Einheiten bestehen, diese aber unter sich in vielfältigen Abhängigkeiten, Verflechtungen und Vernetzungen zusammenhängen. Die unternehmerische Steuerung der Gruppe erfolgt meist von einer Konzernspitze aus.

Es ist offensichtlich, dass durch die einheitliche Konzernleitung entscheidend auf das einzelne, zum Konzern gehörende Unternehmen eingewirkt werden kann und soll. Oft werden aus übergeordneten konzerninternen Gründen Geschäfte abgeschlossen, die eine unabhängige Gesellschaft nicht akzeptiert hätte, die aber im Gesamtverbund der Konzerngesellschaften sinnvoll erscheinen. In solchen Fällen müssen aber die Rechte der außenstehenden Minderheitsgesellschafter geschützt und die Verantwortlichkeiten festgelegt werden. Dazu dient der sogenannte Abhängigkeitsbericht, der gemäß § 312 AktG zu erstellen ist. Oft geschieht dies aber auch im Rahmen von Unternehmensverträgen in Verbindung mit Garantiedividenden und Abfindungsangeboten.

Gesetzliche Regelungen im Rahmen des AktG

Eingehende Regelungen dazu finden sich im 3. Buch des Aktiengesetzes, das mit „Verbundene Unternehmen" überschrieben ist. Der Begriff der verbundenen Unternehmen ergibt sich aus den §§ 15 ff. AktG. Diese Vorschriften gelten nicht nur für Aktiengesellschaften, sondern auch für die mit ihnen verbundenen Unternehmen anderer Rechtsformen, wenngleich stets eine Aktiengesellschaft beteiligt sein muss.

Die Konzernrechnungslegungsvorschriften des HGB

Die Abschlüsse der einzelnen Unternehmen der Gruppe sind von solchen Überlegungen und Geschäftsgebaren mitgeprägt. Für sich allein sind sie deshalb wenig aussagefähig. Entscheidend ist der Zustand und das Bild der gesamten Gruppe. Unter bestimmten Voraussetzungen und ab einer bestimmten Größenordnung* wird daher die Erstellung eines einheitlichen Konzernabschlusses verlangt (§§ 290 bis 315e HGB), in den auch verbundene Unternehmen mit Sitz im Ausland einzubeziehen sind.

Konzernrechnungslegung nach IFRS

Die IFRS-Verordnung (Verordnung EG Nr. 1606/2002 vom 19. 7. 2002) i. V. m. dem Gesetz zur Einführung internationaler Rechnungslegungsstandards und zur Sicherung der Qualität der Abschlussprüfung (Bilanzrechtsreformgesetz – BilReG – vom 4. 12. 2004, BGBl. I 2004, S. 3166) brachte die Anwendung von IFRS im Konzernabschluss. Die IFRS-Verordnung vom 19. 7. 2002 bestimmt, dass kapitalmarktorientierte Unternehmen ab 2005 zwingend einen Konzernabschluss nach IFRS zu erstellen haben. Bei nicht kapitalmarktorientierten Mutterunternehmen wird nach den Vorschriften des HGB (§§ 290 ff. HGB) entschieden, ob sie einen Konzernabschluss aufzustellen haben. Ist eine Aufstellungspflicht gegeben, haben diese ein Wahlrecht, den Konzernabschluss nach IFRS oder nach HGB zu erstellen. Ein IFRS-Konzernabschluss ist befreiend, d. h., neben dem IFRS-Konzernabschluss muss nicht noch ein HGB-Konzernabschluss erstellt werden. Vgl. hierzu § 315e Abs. 3 HGB.

---

* Die Größenordnungsmerkmale gemäß § 293 Abs. 1 HGB wurden durch BilRUG erhöht. Sie betragen 24 Mio. € für die Bilanzsumme und 48 Mio. € für die Umsatzerlöse. Die Zahl der Arbeitnehmer beträgt unverändert 250 im Jahresdurchschnitt.

Die Konzernrechnungslegung hat allerdings nur handelsrechtliche Bedeutung; steuerrechtlich wird sie nicht anerkannt und daher auch nicht verlangt. In steuerlicher Sicht sind in diesem Zusammenhang die Probleme von Gewinnverlagerungen sowie die Rechtsinstitute Organschaft und Schachtelprivileg in ihren verschiedenen Ausgestaltungen von Bedeutung. Der Gewinnabgrenzung und der Bemessung der Konzernverrechnungspreise und -umlagen kommt insbesondere im zwischenstaatlichen Bereich große Bedeutung zu.

13. Strafrechtliche Bestimmungen im Gesellschaftsrecht

Das Gesellschaftsrecht gehört grundsätzlich in den Bereich des Zivilrechts.

Es ist jedoch zu beachten, dass in verschiedenen gesellschaftsrechtlichen Gesetzen auch besondere strafrechtliche Bestimmungen enthalten sind, die es zu beachten gilt. Im Interesse der Allgemeinheit sollen die verantwortlichen Organe bei gewissen Pflichtverletzungen nicht nur haftungsrechtlich in Anspruch genommen, sondern auch straf- bzw. bußgeldrechtlich belangt werden können.

Zu diesen Vorschriften gehören insbesondere im GmbH-Gesetz die §§ 82 – 86 GmbHG und im Aktiengesetz die §§ 399 – 408 AktG. Es handelt sich im Wesentlichen um Verstöße gegen die Gläubigerschutzbestimmungen. Zu den Straftatbeständen rechnet insbesondere auch das Versäumnis von GmbH-Geschäftsführern und Vorständen von Aktiengesellschaften bei Zahlungsunfähigkeit oder Überschuldung rechtzeitig das Insolvenzverfahren zu beantragen (§ 15a InsO).

Außerdem spielen die Straf- und Bußgeldvorschriften des HGB (§§ 331 – 335c HGB) im Hinblick auf Verstöße der verantwortlichen Organe gegen die Rechnungslegungs- und Offenlegungsvorschriften des 3. Buches des HGB eine wesentliche Rolle.

Für Kreditinstitute und Finanzdienstleistungsinstitute, auch wenn sie nicht in der Rechtsform einer Kapitalgesellschaft betrieben werden, sind die Straf- und Bußgeldvorschriften sowie die Zwangsgelder der §§ 340m – 340o HGB zu berücksichtigen.

14. Gesellschaftsrechtliche Umwandlungen und Umstrukturierungen

Nicht immer ist es sinnvoll, die für ein Unternehmen einmal gewählte Rechtsform beizubehalten. Mitunter ist dies auch faktisch nicht möglich.

Neue Rechts- und Steuerentwicklungen können eine Änderung der Rechtsform erfordern oder zweckmäßig machen. Um solche notwendigen Anpassungen auf einfache Weise ohne Abwicklung und Neugründung der Gesellschaft durchführen zu können, hat der Gesetzgeber die rechtlichen Voraussetzungen für gesellschaftsrechtliche Umwandlungen mit Gesamtrechtsnachfolge und Aufrechterhaltung der rechtlichen Identität geschaffen. Grundlage dazu ist das Umwandlungsgesetz, das mit Wirkung vom 1.1.1995 neu gefasst wurde. Es regelt, unter welchen Voraussetzungen und nach welchen Verfahren ein Unternehmen umgewandelt und in einer anderen Rechtsform fortgeführt werden kann. Entsprechend geregelt ist auch die Verschmelzung und die Spaltung von Unternehmen.

Um eine notwendige oder sinnvolle Umwandlung nicht aus steuerlichen Gründen scheitern zu lassen oder zu erschweren, sind dafür auch steuerliche Erleichterungen geschaffen worden. Diese sind im Umwandlungssteuergesetz enthalten. Mit Wirkung vom 1.1.1995 ist in Anpassung an das handelsrechtliche Umwandlungsgesetz auch das Umwandlungssteuergesetz neu gefasst worden. Dieses hat in der Zwischenzeit zahlreiche Änderungen erfahren, am gravierendsten durch das Gesetz über steuerliche Begleitmaßnahmen zur Einführung der Europäischen Gesellschaft und zur Änderung weiterer steuerrechtlicher Vorschriften (SEStEG) vom 7.12.2006, BGBl. I 2006, S. 2782. Es ist zwar grundsätzlich noch möglich, im Ertragsteuerbereich steuerneutrale Umwandlungen vorzunehmen, das heißt, die Buchwerte des umzuwandelnden Unternehmens weiterzuführen und die Auflösung von stillen Reserven zu vermeiden. Das gilt sowohl für Umwandlungen von Personenunternehmen in eine Kapitalgesellschaft und umgekehrt als auch für die Fälle der Verschmelzung und Spaltung von Kapitalgesellschaften. Vor Umwandlung oder Verschmelzung vorhandene Verlustvorträge bei Kapitalgesellschaften gehen jedoch grundsätzlich unter.

Sofern zum Vermögen des umzuwandelnden Unternehmens Grundstücke gehören, ist jedoch zu beachten, dass die Finanzverwaltung trotz Gesamtrechtsnachfolge und Aufrechterhaltung der rechtlichen Identität bei gewissen Umwandlungen einen grunderwerbsteuerlichen Tatbestand annimmt.

15. Unternehmensnachfolge und Vererbung von Gesellschaftsanteilen

Bei der Wahl der Rechtsform eines Unternehmens können vielfältige Gründe eine Rolle spielen. Wenn ein unternehmerischer Generationswechsel ansteht oder die Familienversorgung geregelt werden soll, ist zu prüfen, inwieweit bei der betreffenden Gesellschaftsform im Erbfalle ein Übergang auf die Erben bzw. den vorgesehenen Nachfolger möglich ist. Insbesondere ist zu klären, wie bei Meinungsverschiedenheiten bzw. unterschiedlichen Interessenlagen der Gesellschafter sichergestellt werden kann, dass die vorgesehene Nachfolge tatsächlich erreicht wird. Außerdem ist es wichtig zu wissen, welche Steuern dabei anfallen.

Dabei sind vom Erblasser nicht nur die entsprechenden testamentarischen oder erbvertraglichen Regelungen zu treffen und den damit verbundenen erbrechtlichen Bestimmungen Rechnung zu tragen, sondern es muss auch an die gesellschaftsrechtlichen Gegebenheiten bzw. Voraussetzungen gedacht werden. Es ist jeweils zu prüfen, ob die angestrebte Nachfolgeregelung gesellschaftsrechtlich gegenüber den Mitgesellschaftern durchgesetzt werden kann. Eventuell müssen im Gesellschaftsvertrag die dazu notwendigen Voraussetzungen geschaffen werden. Dies sollte möglichst schon bei der Gesellschaftsgründung geschehen. Spätere diesbezügliche Änderungen des Gesellschaftsvertrages lassen sich oft nur im Konsens mit den übrigen Gesellschaftern erreichen, der bei unterschiedlichen Interessenlagen nicht immer oder nur schwer erreicht werden kann.

In diesem Zusammenhang ist bei den einzelnen Gesellschaftsformen zu prüfen, inwieweit die Erben eines Gesellschafters gesetzlich das Recht haben, Gesellschafter zu werden.

Der Tod eines Gesellschafters hat bei den Gesellschaftsformen unterschiedliche Folgen:

- Er ist bei der BGB-Gesellschaft Auflösungsgrund (§ 727 BGB),
- während bei der OHG und der KG aufgrund der Änderung des § 131 HGB der Tod eines persönlich haftenden Gesellschafters inzwischen zum Ausscheiden aus der Gesellschaft führt (§ 131 Abs. 3 Nr. 1 HGB), beim Tod eines Kommanditisten die Gesellschaft mangels abweichender vertraglicher Bestimmung mit den Erben dagegen fortgesetzt wird (§ 177 HGB).
- Bei den Kapitalgesellschaften wird der Bestand der Gesellschaft durch den Tod eines Gesellschafters nicht berührt; die Erben treten an dessen Stelle.

Falls dies nicht gewünscht wird, das heißt, falls der Tod eines persönlich haftenden Gesellschafters nicht zum Ausscheiden aus der Gesellschaft führen soll oder bei einer Kapitalgesellschaft die Erben nicht ohne Weiteres Gesellschafter werden sollen, sind diesbezüglich entsprechende Regelungen im Gesellschaftsvertrag zu treffen.

Neben der Schaffung der zivilrechtlichen Voraussetzungen für die gewünschte Nachfolge bzw. die Behandlung der Erben ist auch an die erbschaftsteuerlichen Auswirkungen zu denken.

Mit zwei Urteilen hat das Bundesverfassungsgericht eine Neujustierung des Erbschaft- und Schenkungsteuergesetzes verlangt. Mit Urteil vom 7.11.2006, BStBl. II 2007, S. 192 hatte das Bundesverfassungsgericht festgestellt, dass die Erhebung der Erbschaftsteuer mit einheitlichen Steuersätzen auf den Wert des Erwerbs mit dem Grundgesetz unvereinbar ist, weil sie an Steuerwerte anknüpft, deren Ermittlung bei wesentlichen Gruppen von Vermögensgegenständen (Betriebsvermögen, Grundvermögen, Anteilen an Kapitalgesellschaften und land- und forstwirtschaftlichen Betrieben) den Anforderungen des Gleichheitssatzes aus Art. 3 Abs. 1 GG nicht genügt. Die Bewertungsmethoden müssen gewährleisten, dass alle Vermögensgegenstände in einem Annäherungswert an den gemeinen Wert, das heißt den Verkehrswert, erfasst werden.

Das daraufhin zum 1.1.2009 neu geregelte Erbschaft- und Schenkungsteuergesetz, das nun erstmals am gemeinen Wert (Verkehrswert) ausgerichtet war (mit erheblicher Ausweitung der Bemessungsgrundlage) und Firmenerben eine weitgehende Verschonung zugestand, musste sich jedoch wiederum einer verfassungsrichterlichen Überprüfung unterziehen. Mit Urteil vom 17.12.2014 (1 BvL 21/12) hat das Bundesverfassungsgericht die bis dato gültigen Verschonungsregelungen für Unternehmensvermögen (§§ 13a und 13b ErbStG a.F.) wegen des Ausmaßes der Verschonung betrieblichen Vermögens und der eröffneten Gestaltungsmöglichkeiten für verfassungswidrig erklärt und damit eine erneute Reform des Erbschaft- und Schenkungsteuergesetzes erforderlich gemacht. Die Möglichkeit einer grundsätzlichen Verschonung betrieblichen Vermögens, insbesondere für kleine und mittelständische Unternehmen, wurde vom Bundesverfassungsgericht jedoch grundsätzlich bestätigt.

Das Gesetz zur Anpassung des Erbschaftsteuer- und Schenkungsteuergesetzes an die Rechtsprechung des Bundesverfassungsgerichts vom 4.11.2016 hat komplizierte Änderungen gebracht. Neben der Neudefinition des begünstigten Vermögens und der Änderungen der Lohnsummenregelung für kleinere Betriebe stellt die Neugestaltung der Verschonung einen Schwerpunkt der Erbschaftsteuerreform dar und hat damit auch für das Gesellschaftsrecht weitreichende Auswirkungen. Die neue Grenze für den Erwerb begünstigten Vermögens beträgt 26 Mio. €. Die Unterscheidung zwischen Regelverschonung (§ 13a Abs. 1 ErbStG) und Optionsverschonung (§ 13a Abs. 10 ErbStG) bleibt.

Für Firmenerben, d. h. für Erben von Betriebsvermögen und Anteilen an Kapitalgesellschaften von mehr als 25 %, gibt es zwei Besteuerungsoptionen, deren Wahl bindend ist, also nachträglich nicht revidiert werden kann.

- Regelverschonung: Soweit Erwerbe begünstigten Vermögens (§ 13b Abs. 2 ErbStG) innerhalb von 10 Jahren < 26 Mio. € erfolgen, werden 85 % von der Erbschaftsteuer freigestellt (Verschonungsabschlag) und der Rest unter Anwendung eines gleitenden Abzugsbetrags von 150.000 € der Besteuerung unterworfen (§ 13a Abs. 2 ErbStG). Voraussetzung hierfür ist, dass der ererbte Betrieb im Kern 5 Jahre fortzuführen ist (Behaltensfrist, § 13a Abs. 6 ErbStG) und die Mindestlohnsumme nach 5 Jahren nicht weniger als 400 % der Ausgangslohnsumme (durchschnittliche Lohnsumme der letzten 5 Jahre vor dem Erbzeitpunkt) zum Erbzeitpunkt beträgt (§ 13a Abs. 3 ErbStG). Für Kleinstbetriebe gibt es bezüglich der Lohnsummenregelung Erleichterungen (§ 13a Abs. 3 ErbStG):
  - bis 5 Beschäftigte: keine Lohnsummenkontrolle
  - 6 bis 10 Arbeitnehmer: 250 %
  - 11 bis 15 Beschäftigte: 300 %
- Für die Optionsverschonung (§ 13a Abs. 10 ErbStG) ist ein Antrag erforderlich. Firmenerben, die den ererbten Betrieb im Kern 7 Jahre fortführen, werden komplett von der Erbschaftsteuer verschont, vorausgesetzt, die Mindestlohnsumme beträgt nach 7 Jahren nicht weniger als 700 % der Ausgangslohnsumme zum Erbzeitpunkt. Daneben darf der Verwaltungsvermögensanteil am begünstigungsfähigen Vermögen höchstens 20 % betragen. Für Kleinstbetriebe gibt es bezüglich der Lohnsummenregelung folgende Erleichterungen (§ 13a Abs. 3 ErbStG):
  - bis 5 Beschäftigte: keine Lohnsummenkontrolle
  - 6 bis 10 Arbeitnehmer: 500 %
  - 11 bis 15 Beschäftigte: 565 %

Beim Erwerb begünstigten Vermögens > 26 Mio. € spricht man von einem Großerwerb. Hier gibt es vom Grundsatz keine Begünstigung; auf Antrag kann das Abschmelzungsmodell (Verringerung des Verschonungsabschlags um einen Prozentpunkt für jede 750.000 €, die den Wert des begünstigten Vermögens übersteigt, § 13c ErbStG) und eine individuelle Verschonungsbedarfsprüfung (§ 28a ErbStG) zur Anwendung kommen.

Hinweis: Ob das neue Erbschaftsteuerrecht verfassungsrechtlichen Vorgaben tatsächlich genügt, gilt mehr als ungewiss.

16. Die Gesellschaftsformen für die Freien Berufe

Wenngleich es für die Freien Berufe wesensimmanent ist, dass die Person und die Persönlichkeit des betreffenden Freiberuflers im Vordergrund stehen, kann es doch auch für die freiberuflich Tätigen sinnvoll sein, dass sie ihre Tätigkeit gemeinsam mit anderen Berufskollegen ausüben. Daher gilt es auch für die Freiberufler, die geeignete Rechtsform zu finden. Grundsätzlich kommen dafür die gleichen Gesellschaftsformen in Betracht wie für die gewerbliche Wirtschaft. Jedoch sind einige Besonderheiten im Hinblick auf den freiberuflichen Charakter zu berücksichtigen. Auch sind die jeweiligen berufsrechtlichen Bestimmungen zu beachten. Es ist daher nach der Art der freiberuflichenTätigkeit zu differenzieren. Für manche Berufe kommen nicht alle Rechtsformen in Betracht bzw. sind dafür nicht geeignet. Allgemein reichen die Möglichkeiten von der Bürogemeinschaft über Sozietät und Personenhandelsgesellschaft bis hin zur Kapitalgesellschaft als einer juristischen Person.

Dazu kommt noch seit dem 1. 7. 1995 die, speziell für freie Berufe geschaffene Gesellschaftsform, die sogenannte Partnerschaftsgesellschaft und seit dem 19. 7. 2013 die Partnerschaftsgesellschaft mit beschränkter Berufshaftung (vgl. dazu die Ausführungen auf Seite 75 ff.). Auch hat sich insofern eine neue Entwicklung zu ergeben, als durch die Änderung der BRAO seit 1. 3. 1999 grundsätzlich auch für Rechtsanwälte die Rechtsform der GmbH zugelassen ist (§§ 59c – 59m BRAO).

Bei der Wahl einer Gesellschaftsform für Freiberufler sind auch die steuerlichen Aspekte zu beachten. Soweit es sich um echte Freiberufler im steuerlichen Sinne handelt, beziehen sie Einkünfte aus selbstständiger Arbeit und unterliegen damit nicht der Gewerbesteuer. Wer als Freiberufler gilt, ist in § 18 EStG bestimmt. Dies gilt auch im Falle von Mitunternehmerschaften, d. h. bei Personengesellschaften.

Kapitalgesellschaften (GmbH, AG, SE, KGaA) von freiberuflich Tätigen unterliegen jedoch stets der Gewerbesteuer, unabhängig davon, welche Tätigkeit ausgeübt wird (§ 2 Abs. 2 GewStG). Sie gelten als Gewerbebetrieb kraft Rechtsform.

II. Tabelle (1) der rechtlichen Wesensmerkmale der verschiedenen Gesellschaftsformen* (Seite 34 bis 51)

Unternehmensformen / Wesensmerkmale	Offene Handelsgesellschaft – OHG	Kommanditgesellschaft KG	Stille Gesellschaft	Gesellschaft bürgerlichen Rechts BGB-Gesellschaft
1. Rechtgrundlagen	§§ 105 – 160 HGB Ergänzend §§ 705 – 740 BGB	§§ 161 – 177a HGB Ergänzend Vorschriften über OHG und damit auch über BGB-Gesellschaft.	§§ 230 – 237 HGB Ergänzend Vorschriften über BGB-Gesellschaft.	§§ 705 – 740 BGB
2. Allgemeines	Besonders geeignet für gleichberechtigte und verpflichtete Partner, die in der Regel alle in der Gesellschaft tätig sind. Erfordert hohes Maß an gegenseitigem Vertrauen. Genießt hohe Kreditwürdigkeit.	Kommt in Betracht, wenn einzelne Gesellschafter nicht die volle Haftung tragen wollen. Häufig ist dies der Fall, wenn sich die Betreffenden nur kapitalmäßig beteiligen, aber nicht voll tätig sein wollen oder können. Erben von Vollhaftern treten oft ins Kommanditverhältnis über.	Kommt insbesondere in Betracht, wenn das Beteiligungsverhältnis Dritten (Gläubigern, Kunden, Belegschaft oder allgemein in der Öffentlichkeit) nicht bekannt werden soll. Erfordert keinerlei Formalitäten (keine Eintragung ins Handelsregister).	Eignet sich, wenn kein auf Dauer gerichtetes Gewerbe ausgeübt werden und keine Registereintragung erfolgen soll, für viele Zweck gemeinsamer Interessenverfolgung, insbesondere gleichberechtigter Partner (Gelegenheitsgesellschaften, Vermögensverwaltungen usw.). Häufig auch bei Freiberufler-Sozietäten.
3. Gründung	Entsteht durch Gesellschaftsvertrag von mindestens 2 Gesellschaftern. Außenwirkung mit Aufnahme der Geschäfte, spätestens aber mit der Eintragung ins Handelsregister.	Entsteht durch Gesellschaftsvertrag von mindestens einem Komplementär und mindestens einem Kommanditisten. Die Haftungsbeschränkung des Kommanditisten wirkt gegenüber Dritten erst mit Eintragung ins Handelsregister.	Die Stille Gesellschaft beginnt mit dem Gesellschaftsvertrag. Ist Innengesellschaft, hat keine Außenwirkung.	Entsteht durch Gesellschaftsvertra von mindestens 2 Personen. Kann sich auch durch konkludentes Handeln ergeben.

* Zur Partnerschaftsgesellschaft, die nur für Freie Berufe in Betracht kommt, siehe Seite 75.

GmbH u. Co. KG**	Gesellschaft mit beschränkter Haftung GmbH***	Aktiengesellschaft AG	Kommanditgesellschaft auf Aktien – KGaA	Eingetragene Genossenschaft eG
Grundsätzlich keine besondere gesetzliche Regelung. Es handelt sich um eine KG, daher Anwendung der Vorschriften über KG. Für Komplementär-GmbH gilt GmbH-Gesetz bzw. für Komplementär-AG das Aktiengesetz. Einige besondere Vorschriften des HGB und des GmbHG sind zu beachten (§ 19 Abs. 2 HGB, § 130a HGB).	GmbH-Gesetz vom 20. 5. 1898 mit verschiedenen Änderungen. Wichtige Novellierung durch MoMiG mit Wirkung 1. 11. 2008 mit weiteren Änderungen.	Aktien-Gesetz vom 6. 9. 1965 mit verschiedenen Änderungen, u. a. durch Gesetz zur Schaffung der kleinen Aktiengesellschaft und zur Deregulierung des Aktienrechts vom 2. 8. 1994 sowie Aktienrechtsnovelle 2016 vom 22. 12. 2015.	Ausdrückliche Regelung in den §§ 278 – 290 AktG. Zu einem großen Teil Anwendung der übrigen Vorschriften des Aktien-Gesetzes und z. T. der Vorschriften über die KG.	Gen.-Gesetz in der Fassung der Bekanntmachung vom 16. 10. 2006 mit späteren Änderungen.
Gibt die Möglichkeit, bei einer Personengesellschaft die volle persönliche Haftung aller beteiligten natürlichen Personen auszuschließen und trotzdem im Wesentlichen als Personengesellschaft behandelt und besteuert zu werden. Bedeutung auch für Kontinuität (GmbH als Komplementär stirbt nicht).	Einfachste und am wenigsten aufwendige Form einer Kapitalgesellschaft. Auch für kleinere Unternehmungen und für jeden gesetzlich zulässigen Zweck möglich. Kommt besonders in Betracht, wenn kein Gesellschafter die volle persönliche Haftung tragen will. Bedeutendste Rechtsform im mittelständischen Bereich. Die aufgrund MoMiG eingeräumte Möglichkeit der Gründung einer haftungsbeschränkten Unternehmergesellschaft (UG), der so genannten »Mini-GmbH« (§ 5a GmbHG), ist besonders für Existenzgründer mit nur geringem Kapital interessant.	Typische Rechtsform für Großunternehmen, insbesondere wenn Kapital über den Kapitalmarkt aufgebracht und Anteile an der Börse gehandelt werden sollen. Zahlreiche strenge formale Erfordernisse werden vorausgesetzt. Gewisse Erleichterungen durch Gesetz zur Schaffung der kleinen Aktiengesellschaft und zur Deregulierung des Aktienrechtes vom 2. 8. 1994. Damit auch für mittelständische Betriebe geeignet.	Sehr selten gewählte Rechtsform. Risiko der vollen persönlichen Haftung. Kann sich besonders eignen, wenn bei einer KG die Zahl der Kommanditisten sehr groß ist. Durch die einheitliche Organisation der Kommanditisten kann die Übersichtlichkeit und organisatorische Abwicklung günstiger werden. Ermöglicht Börsenzugang. Die volle persönliche Haftung des Komplementärs kann die Kreditwürdigkeit und persönliche Verbundenheit mit dem Unternehmen erhöhen. Komplementär kann auch juristische Person sein.	Durch gemeinsames Handeln sollen die Mitglieder gefördert werden, um gegenüber den Großunternehmen wettbewerbsfähig zu sein. Häufig anzutreffen bei gewerblichem Mittelstand (Schulze-Delitzsch) und in der Landwirtschaft (Raiffeisen). Die Kreditgenossenschaften firmieren in der Regel als Volksbanken oder Raiffeisenbanken. Auch auf dem Wohnungssektor häufig zu finden (Baugenossenschaften). Die Schulze-Delitzsch- und Raiffeisengenossenschaften haben sich zusammengeschlossen. Spitzenverband der Kreditgenossenschaften ist der BVR (Bundesverband der Volks- und Raiffeisenbanken, bei den Waren- und Dienstleistungsgenossenschaften der DGRV (Deutscher Genossenschafts- und Raiffeisenverband).
Wie KG. Für Komplementär-GmbH siehe GmbH.	Ein oder mehrere Gründer notwendig, die den Gesellschaftsvertrag schließen und die Stammeinlagen übernehmen. Notarielle Beurkundung des Vertrages erforderlich. Entstehung (Rechtsfähigkeit) erst durch Eintragung im Handelsregister. Geld- oder Sacheinlagen möglich. Bei Sacheinlagen ist besonderer Gründungsbericht (jedoch keine Gründungsprüfung durch externen Prüfer) erforderlich. Bei der haftungsbeschränkten Unternehmergesellschaft (UG) sind Sacheinlagen ausgeschlossen (§ 5a Abs. 2 GmbHG). Für unkomplizierte Standardfälle besteht die Möglichkeit, eine GmbH in einem vereinfachten Verfahren unter Verwendung von Musterprotokollen zu gründen, wenn sie höchstens drei Gesellschafter und einen Geschäftsführer hat (§ 2 Abs. 1a GmbHG).	Ein oder mehrere Gründer notwendig, die die Aktien gegen Einlagen übernehmen (§ 2 AktG). Ausführliche, strenge Vorschriften über Gründung und Gründungsprüfung (§§ 23 – 53 AktG). Werden Abreden über Sondervorteile oder Sacheinlagen bzw. Sachübernahmen getroffen, gelten besondere Bestimmungen (§§ 26 und 27 AktG). Man spricht dann von so genannten qualifizierten Gründungen. Dabei Prüfung durch besondere Gründungsprüfer erforderlich. Von der Errichtung der Gesellschaft gemäß § 29 AktG (nach Übernahme der Akten) ist die Entstehung der AG zu unterscheiden, die erst mit der Eintragung (konstitutive Wirkung) erfolgt.	Ähnlich wie AG. Die Komplementäre müssen bei der Feststellung der Satzung beteiligt sein und ins Handelsregister eingetragen werden (§§ 280 – 282 AktG).	Seit 18. 8. 2006 mindestens 3 Genossen (zuvor 7 Genossen) notwendig (§ 4 GenG), die das Statut festlegen. Schriftform notwendig). Entstehung durch Eintragung in das Genossenschaftsregister (konstitutive Wirkung, § 13 GenG).

** Die Ausführungen zur GmbH und Co. KG gelten für eine AG und Co. KG entsprechend.
*** Die Ausführungen zur GmbH gelten für eine UG (haftungsbeschränkt) entsprechend.

Rechtliche Wesensmerkmale der verschiedenen Gesellschaftsformen

Unternehmensformen / Wesensmerkmale	Offene Handelsgesellschaft – OHG	Kommanditgesellschaft KG	Stille Gesellschaft	Gesellschaft bürgerlichen Rechts BGB-Gesellschaft
4. Rechtsfähigkeit	Keine Rechtsfähigkeit, jedoch weitgehende Annäherung durch Grundbuch-, Prozess- und Deliktsfähigkeit („Teilrechtsfähigkeit").	Wie OHG.	Keine Rechtsfähigkeit, auch keine Grundbuch-, Prozess- oder Deliktsfähigkeit. Reine Innengesellschaft.	Keine Rechtsfähigkeit, nach BGH-Urteil vom 29. 1. 2001 (II Z R 331/00) jedoch Prozessfähigkeit (Teilrechtsfähigkeit).
5. Gesellschaftsvertrag bzw. Satzung oder Statut	Keine Formvorschrift, auch mündlich möglich. Änderung des Gesellschaftsvertrags nur mit Zustimmung aller Gesellschafter. Wenn im Gesellschaftsvertrag über Grundstücke verfügt wird, ist gemäß § 311b BGB notarielle Beurkundung erforderlich.	Wie bei OHG, keine Formvorschrift.	Keine Formvorschrift, auch mündlich oder durch konkludentes Handeln möglich.	Keine Formvorschrift, auch mündlich oder durch konkludentes Handeln möglich.
6. Eintragung ins Handelsregister (bzw. Genossenschaftsregister)	Eintragung ins HR notwendig (Abt. A), hat deklaratorische Wirkung. Die Gesellschaft kann schon vorher (Abschluss des Gesellschaftsvertrages) entstehen. Anmeldungspflicht gem. §§ 106 u. 107 HGB.	Eintragung ins HR notwendig (Abt. A) wie bei OHG. Die Haftungsbeschränkung der Kommanditisten tritt erst mit der Eintragung ins HR ein. Für frühere Geschäfte haften sie voll, soweit den Gläubigern die Beschränkung der Haftung nicht bekannt war.	Keine Eintragung der Stillen Gesellschaft. Eine evtl. Eintragung bzw. Eintragungspflicht des Geschäftsinhabers wird dadurch nicht berührt.	Keine Eintragung.
7. Gesellschafter	Mindestens 2 Gesellschafter notwendig. Diese können natürliche oder juristische Personen sein. Auch OHG oder KG können selbst Gesellschafter sein (auch BGB-Gesellschaft kann in Betracht kommen).	Wie OHG. Es müssen jedoch mindestens ein Vollhafter und mindestens ein Kommanditist vorhanden sein.	Geschäftsinhaber und stille Gesellschafter können natürliche oder juristische Personen sein, ebenso auch OHG oder KG sowie BGB-Gesellschaft. Sind an einem Unternehmen mehrere stille Gesellschafter beteiligt, so liegt nach herrschender Meinung mit jedem ein stilles Gesellschaftsverhältnis vor. Ebenso liegen getrennte stille Gesellschaftsverhaltnisse vor, wenn ein stiller Gesellschafter an mehreren Unternehmen stille Beteiligungen besitzt.	Mindestens 2 Gesellschafter notwendig. Es können Einzelpersonen oder Gesellschaften sein.
8. Kapital- und Mindesteinzahlung	Kein festes Kapital, keine Mindesteinlage vorgeschrieben.	Für die Komplementäre wie bei der OHG kein festes Kapital und keine Mindesteinlagen vorgeschrieben, jedoch feste Kommanditeinlagen für Kommanditisten, Höhe aber beliebig.	Kein festes Kapital, keine Mindesteinlage, jedoch ist die Einlage des stillen Gesellschafters nominell festzulegen.	Kein festes Kapital, keine Mindesteinlagen vorgeschrieben.

GmbH u. Co. KG*	Gesellschaft mit beschränkter Haftung GmbH**	Aktiengesellschaft AG	Kommanditgesellschaft auf Aktien – KGaA	Eingetragene Genossenschaft eG
Wie KG.	Rechtsfähig (juristische Person). § 13 GmbHG.	Rechtsfähig (juristische Person). § 1 AktG.	Rechtsfähig (juristische Person). § 278 AktG.	Rechtsfähig (juristische Person). § 17 GenG.
Siehe KG. Gesellschaftsvertrag der Komplementär-GmbH siehe GmbH	Notarielle Beurkundung notwendig (§ 2 GmbHG). Änderung nur durch qualifizierten Mehrheitsbeschluss von 3/4 der abgegebenen Stimmen möglich, soweit nicht der ursprüngliche Vertrag weitere Erfordernisse vorsieht (§ 53 GmbHG).	Satzung bedarf der notariellen Beurkundung. Mindestinhalt notwendig (§ 23 AktG). Für Satzungsänderungen ist qualifizierter Mehrheitsbeschluss der HV von 3/4 der vertretenen Stimmen notwendig, soweit nicht die Satzung eine größere Mehrheit vorsieht (§ 179 AktG).	Wie bei der AG notarielle Beurkundung notwendig (§ 280 AktG). Bei Satzungsänderungen in jedem Falle Zustimmung der Komplementäre erforderlich. Einlagen der Komplementäre außerhalb des Grundkapitals sind in die Satzung aufzunehmen (§ 281 Abs. 2 AktG).	Das Statut der Genossenschaft bedarf der Schriftform (§ 5 GenG). Mindestinhalt notwendig (§§ 6, 7, 7a, 8 GenG).
Wie KG.	Eintragung erforderlich (Abt. B) wirkt rechtsbegründend. GmbH entsteht mit der Eintragung. Inhalt der Eintragung gem. § 10 GmbHG.	Eintragung erforderlich (Abt. B), wirkt rechtsbegründend. AG entsteht mit der Eintragung. Inhalt der Eintragung gem. § 39 AktG.	Ähnlich wie bei AG. Eintragung erforderlich (Abt. B), wirkt rechtsbegründend. Grundkapital (Kommanditkapital) wird eingetragen. Einlagen der Komplementäre neben dem Grundkapital werden nicht eingetragen, müssen aber in die Satzung aufgenommen werden (§ 281 AktG).	Eintragung ins Genossenschaftsregister notwendig (§ 10 GenG). Anmeldepflicht des Vorstandes (§ 11 GenG). Eintragung wirkt rechtsbegründend (§ 13 GenG).
Wie KG. Gesellschafter der Komplementär-GmbH und Kommanditisten können dieselben Personen sein. Es ist auch möglich, dass der alleinige Gesellschafter einer Einpersonen-Komplementär-GmbH der einzige Kommanditist ist. Die GmbH u. Co.KG kann auch selbst wieder Gesellschafter der Komplementär-GmbH sein.	Gesellschafter können Einzelpersonen oder Gesellschaften sein. Seit 1. 1. 1981 Einpersonen-Gesellschaftsgründung zulässig. Unter bestimmten Voraussetzungen kann die GmbH auch eigene Anteile halten (§ 33 GmbHG). Auskunfts- und Einsichtsrecht der Gesellschafter (§ 51a GmbHG). Neben Geschäftsanteilen stille Einlagen oder Darlehen der Gesellschafter möglich.	Aktionäre können Einzelpersonen und Gesellschaften sein. Seit Gesetzesänderung vom 2. 8. 1994 Einpersonengründung zulässig. (Einpersonen-AG). Nur in Sonderfällen und in begrenztem Umfange kann AG eigene Aktien erwerben (§ 71 AktG). Neben Aktieneinlagen auch stille Einlage oder Darlehen für Aktionäre möglich.	Wie bei AG. Es muss jedoch mindestens 1 Komplementär vorhanden sein. Dieser kann auch eine juristische Person sein (BGH-Beschluss vom 24. 2. 1997, DB 1997 S. 1219 ff.), es ergibt sich dann eine GmbH & Co. KGaA.	Offene Mitgliederzahl, jedoch mindestens 3 (§ 4 GenG).
Wie KG. Komplementär-GmbH muss nicht am Kapital der GmbH u. Co. KG beteiligt sein. Für Komplementär-GmbH gelten die GmbH-Vorschriften (Mindest-Kapital und Mindesteinlage).	Festes Stammkapital mindestens 25.000 € (§ 5 GmbHG). Mindesteinzahlung 1/4 auf jeden Geschäftsanteil, gesamte Einzahlung jedoch mindestens 12.500 € (§ 7 Abs. 2 GmbHG). Aufgrund MoMiG ist die Gründung einer Mini-GmbH, einer sog. haftungsbeschränkten Unternehmergesellschaft (UG) möglich, deren Stammkapital zwischen 1 E und 24.999 € wählbar ist (§ 5a GmbHG).	Festes Grundkapital mindestens 50.000 € (§ 7 AktG). Mindestnennbetrag einer Aktie 1 E. Nennbetrag- oder Stückaktien möglich. Solange Einlage nicht voll geleistet ist, sind nur Namensaktien zulässig (§ 10 Abs. 2 AktG). Verbot der Aktienausgabe unter dem Nennbetrag (§ 9 AktG). Verzicht auf ausstehende Einlagen unzulässig. Ausgabe von Inhaberaktien beschränkt nach Maßgabe des § 10 Abs. 1 Satz 2 und 3 AktG.	Für Kommanditaktionäre wie AG. Für Komplementäre besondere Einlage außerhalb des Grundkapitals möglich, jedoch nicht notwendig (Aufnahme in Satzung erforderlich).	Kein festes Kapital. Geschäftsanteil ist der Höchstbetrag, bis zu dem der einzelne Genosse sich mit Einlagen beteiligen kann. Geschäftsguthaben ist die tatsächliche Einlage. Kein Mindestbetrag für Geschäftsanteil. Einzahlung auf ihn muss zu 1/10 bestimmt sein (§ 7 Nr. 1 GenG). Die Satzung kann bestimmen, dass sich ein Mitglied mit mehr als einem Geschäftsanteil beteiligen darf (§ 7a GenG).

* Die Ausführungen zur GmbH und Co. KG gelten für eine AG und Co. KG entsprechend.
** Die Ausführungen zur GmbH gelten für eine UG (haftungsbeschränkt) entsprechend.

Unternehmensformen / Wesensmerkmale	Offene Handelsgesellschaft – OHG	Kommanditgesellschaft KG	Stille Gesellschaft	Gesellschaft bürgerlichen Rechts BGB-Gesellschaft
9. Firma Allgemeines Firmenrecht (§§ 17 ff. HGB)	Personen-, Sach- oder Fantasiefirma mit Zusatz offene Handelsgesellschaft (bzw. OHG) möglich. Firma darf jedoch nicht irreführend sein (§§ 17 ff. HGB). Bei übernommenen Unternehmen ist Firmenfortführung möglich.	Personen-, Sach- oder Fantasiefirma mit Zusatz Kommanditgesellschaft (bzw. KG) möglich (§ 19 Abs. 1 Nr. 3 HGB). Namen der Kommanditisten dürfen wegen Gefahr der Irreführung in Bezug auf die Haftung nicht in die Firma aufgenommen werden. Bei übernommenen Unternehmen ist Firmenfortführung möglich.	Keine gemeinsame Firma. Es erscheint allein die Firma des Geschäftsinhabers. Das stille Gesellschaftsverhältnis ist aus der Firma des Geschäftsinhabers nicht ersichtlich.	Keine Bestimmung über die Firmenbezeichnung. Die Gesellschaft führt keine eigene Firma. Sie tritt unter dem Namen der Gesellschafter auf.
10. Gesellschaftsvermögen	Gesamthandsvermögen der Gesellschafter.	Gesamthandsvermögen der Gesellschafter.	Kein Gesellschaftsvermögen. Einlage des stillen Gesellschafters geht in das Vermögen des Geschäftsinhabers über.	Gesamthandsvermögen der Gesellschafter.
11. Beteiligung der Gesellschafter am Gesellschaftsvermögen	Beteiligung am Gesamthandsvermögen.	Beteiligung am Gesamthandsvermögen.	Kein Gesellschaftsvermögen, daher auch keine Beteiligung des stillen Gesellschafters. Seine Einlage geht in das Vermögen des Geschäftsinhabers über. Stiller Gesellschafter hat Forderungsrecht.	Beteiligung am Gesamthandsvermögen.
12. Art der Einlage	Einlage kann in Geld, Sachwerten oder in der Leistung von Diensten bestehen.	Komplementäre wie OHG. Einlage der Kommanditisten kann in Geld oder Sachwerten erfolgen, muss aber stets in einem Geldbetrag angegeben werden.	Einlage des stillen Gesellschafters kann in Geld, Sachwerten oder in der Leistung von Diensten bestehen.	Einlage kann in Geld, Sachwerten oder Dienstleistungen erbracht werden.
13. Übertragung der Beteiligung (Gesellschafterwechsel)	Nur mit Zustimmung aller Gesellschafter bzw. gemäß Regelung im Gesellschaftsvertrag.	Nur mit Zustimmung aller Gesellschafter bzw. gemäß Regelung im Gesellschaftsvertrag.	Nur mit Zustimmung aller Gesellschafter bzw. gemäß Regelung im Gesellschaftsvertrag.	Nur mit Zustimmung aller Gesellschafter bzw. gemäß Regelung im Gesellschaftsvertrag.

GmbH u. Co. KG*	Gesellschaft mit beschränkter Haftung GmbH**	Aktiengesellschaft AG	Kommanditgesellschaft auf Aktien – KGaA	Eingetragene Genossenschaft eG
Es gelten die Bestimmungen über die KG. Da der Komplementär eine GmbH ist, muss Haftungsbeschränkung erkennbar sein (§ 19 Abs. 2 HGB). Auch bei übernommenen Firmen und Firmenfortführung ist Zusatz GmbH u. Co. erforderlich (§ 19 Abs. 2 HGB).	Der Firmenname der Gesellschaft kann eine Sach- oder Personenfirma sein. Auch eine Fantasiefirma ist zulässig, darf jedoch nicht irreführend sein. Die Sachfima muss vom Gesellschaftszweck abgeleitet sein. In allen Fällen muss der Zusatz „mit beschränkter Haftung" enthalten sein bzw. bei Firmenfortführung mit aufgenommen werden (§ 4 GmbHG). Abkürzung GmbH bzw. mbH ist zulässig.	Allgemeines Firmenrecht (Sach, Personen- oder Fantasiefirma). Firma darf jedoch nicht irreführend sein. Zusatz Aktiengesellschaft bzw. AG erforderlich. Bei Weiterführung erworbener Unternehmen unter der bisherigen Firma, was grundsätzlich möglich ist (§ 22 HGB), muss der Zusatz „Aktiengesellschaft" bzw. AG in die Firma aufgenommen werden (§ 4 AktG).	Allgemeines Firmenrecht maßgebend mit dem Zusatz Kommanditgesellschaft auf Aktien bzw. KGaA. Bei Weiterführung erworbener Firmenname muss der Zusatz Kommanditgesellschaft auf Aktien bzw. KGaA in die Firma aufgenommen werden (§ 279 AktG).	Allgemeines Firmenrecht maßgebend. Firma muss Bezeichnung eingetragene Genossenschaft oder „eG" enthalten (§ 3 GenG).
Wie KG: Gesamthandsvermögen der Gesellschafter. Komplementär-GmbH braucht am Vermögen nicht beteiligt zu sein.	Eigenes Vermögen der GmbH als juristische Person.	Eigenes Vermögen der AG als juristische Person.	Eigenes Vermögen der KGaA als juristische Person.	Eigenes Vermögen der Genossenschaft als juristische Person.
Wie KG.	Keine direkte Beteiligung am Gesellschaftsvermögen, dessen Eigentümerin die GmbH ist. Jedoch Recht auf Anteil am Liquidationserlös.	Keine direkte Beteiligung am Gesellschaftsvermögen, dessen Eigentümerin die AG ist. Jedoch Recht auf Anteil am Liquidationserlös.	Wie AG.	Keine direkte Beteiligung am Gesellschaftsvermögen, dessen Eigentümerin die Genossenschaft ist. Recht auf Anteil am Liquidationserlös (§ 91 GenG).
Wie KG. Einlagen in Form von Anteilen an der Komplementär-GmbH gelten gegenüber Gläubigern als nicht geleistet (§ 172 Abs. 6 HGB).	Grundsätzlich kann ein Gesellschafter bei Errichtung der Gesellschaft nur einen Geschäftsanteil übernehmen der auf volle Euro lauten muss. Neben oder statt Geldeinlagen auch Sacheinlagen möglich. Bei Sacheinlagen nähere Angaben im Gesellschaftsvertrag notwendig. Außerdem ist besonderer Gründungsbericht erforderlich. Bewertungsunterlagen an Registergericht zur Prüfung (§§ 8 und 5 GmbHG).	Geldeinlagen und Sacheinlagen möglich. Bei Sacheinlagen und Sachübernahmen sind jedoch die besonderen Bestimmungen des § 27 AktG zu beachten (genaue Angaben in der Satzung). Außerdem ist in bestimmten Fällen, insbesondere bei Sacheinlagen oder Sachübernahmen, eine Prüfung durch einen vom Gericht bestellten Gründungsprüfer erforderlich (§ 33 Abs. 2 – 4 AktG).	Einlagen auf das Grundkapital wie bei der AG. Vermögenseinlagen der Komplementäre, die nicht auf das Grundkapital geleistet werden, sind als Geld- oder Sacheinlagen möglich, sie müssen jedoch nach Art und Höhe in der Satzung festgelegt werden (§ 281 Abs. 2 AktG).	Das Statut muss bestimmen, bis zu welchem Betrag sich die einzelnen Genossen mit Einlagen beteiligen können (Geschäftsanteil), sowie die Einzahlungen, zu denen jeder Genosse verpflichtet ist, diese müssen mindestens 1/10 nach Betrag und Zeit bestimmt sein (§ 7 GenG).
Wie KG.	äußerlich und vererblich (§ 15 Abs. 1 GmbHG). Erschwernisse, z. B. durch Zustimmung der Gesellschaft, durch Gesellschaftsvertrag möglich. Anteile können nicht wertpapierrechtlich verbrieft werden. Evtl. ausgestellte Urkunde über Anteile gilt nur als Beweisurkunde. Übertragung des Anteils erfolgt daher durch Zession. Notarieller Vertrag erforderlich (§ 15 Abs. 3 GmbHG).	Grundsätzlich Übertragung der Aktien beliebig möglich. Übertragung erfolgt nach wertpapierrechtlichen Grundsätzen. Bei Inhaberaktien durch Einigung und Übergabe, bei Namensaktien durch Einigung, Übergabe und Indossament. Ausnahmen: bei vinkulierten Namensaktien ist Übertragung nur mit Zustimmung der Gesellschaft möglich (§ 55 AktG). In diesem Falle erfolgt die Übertragung nicht nach wertpapierrechtlichen Grundsätzen, sondern durch Zession mit Umschreibung im Aktienbuch (§§ 67, 68 AktG).	Für Kommanditaktionäre wie bei AG. Bei persönlich haftenden Gesellschaftern wie bei der KG, jedoch nur mit Zustimmung der Hauptversammlung (§ 285 AktG).	Grundsätzlich keine geschlossene Mitgliederzahl. Ein- und Austritt von Genossen möglich. Beitrittserklärungen gemäß § 15 GenG. Kündigung nur schriftlich zum Ende eines Geschäftsjahres mit mindestens 3-monatiger Frist möglich (§ 65 GenG). Durch Statut kann längere – höchstens 5-jährige – Kündigungsfrist festgelegt werden. Mitglieder haben beim Ausscheiden grundsätzlich keinen Anspruch auf stille Reserven. Anspruch auf Aushandlung eines Anteils an einem gesonderten Reservefonds kann durch Statut eingeräumt werden (§ 73 GenG). Ausscheiden durch Übertragung der Geschäftsguthaben auf ein bereits vorhandenes oder neu eintretendes Mitglied jederzeit möglich (§ 76 GenG).

* Die Ausführungen zur GmbH und Co. KG gelten für eine AG und Co. KG entsprechend.
** Die Ausführungen zur GmbH gelten für eine UG (haftungsbeschränkt) entsprechend.

Unternehmensformen / Wesensmerkmale	Offene Handelsgesellschaft – OHG	Kommanditgesellschaft KG	Stille Gesellschaft	Gesellschaft bürgerlichen Rechts BGB-Gesellschaft
14. Einpersonengesellschaft	Nicht möglich.	Nicht möglich, siehe jedoch GmbH u. Co. KG.	Nicht möglich.	Nicht möglich.
15. Haftung	Gesamtschuldnerische Haftung. Jeder Gesellschafter haftet unmittelbar, unbeschränkt (mit Geschäfts- und Privatvermögen) und solidarisch für die Schulden der Gesellschaft (§ 128 HGB). Eintretende Gesellschafter haften für die vor ihrem Eintritt bestehenden Schulden der Gesellschaft in gleicher Weise (§ 130 HGB). Bei Auflösung einer Gesellschaft oder Ausscheiden aus einer Gesellschaft haften die Gesellschafter für die zu diesem Zeitpunkt bestehenden Verbindlichkeiten noch 5 Jahre (§§ 159, 160 HGB). Der Ausschluss der Haftung ist gegenüber Dritten unwirksam.	Vor Eintragung ins Handelsregister haften alle Gesellschafter unbeschränkt. Nach der Eintragung haften die Komplementäre unbeschränkt mit ihrem gesamten Vermögen (wie die OHG-Gesellschafter), die Kommanditisten nur bis zur Höhe ihrer Einlage (§§ 171, 176 HGB). Ist die Einlage geleistet, entfällt eine weitere Haftung. Das gilt nach § 5 Abs. 1 Satz 3 GewStG auch für die Gewerbesteuer.	Der stille Gesellschafter nimmt am Verlust nur bis zur Höhe seiner Einlage teil (§ 232 HGB). Ist bei Insolvenz des Inhabers seine Einlage höher als der auf ihn entfallene Verlustanteil, kann er den überschießenden Betrag als Insolvenzforderung geltend machen (§ 236 HGB). Gegenüber Gläubigern haftet der Stille somit nicht. Ihnen gegenüber gleicht er einem Darlehensgeber. Die Haftung des Inhabers richtet sich nach den Bestimmungen über die Rechtsform, in der das Unternehmen betrieben wird.	Die Gesellschafter haften im Allgemeinen wie die OHG-Gesellschafter als Gesamtschuldner, also unbeschränkt mit ihrem gesamten Vermögen (§ 421 BGB). Durch Vereinbarung mit Gläubigern kann Haftung jedoch auf Gesellschaftsvermögen beschränkt werden. Vertretungs- und Geschäftsführungsbefugnis muss entsprechend auf Gesellschaftsvermögen beschränkt werden. Bezeichnung „GbR mbH" auf Briefbögen reicht nicht zur Haftungsbeschränkung aus (BGH vom 27. 9. 1999, II ZR 371/98).
16. Organe	Neben den Gesellschaftern keine besonderen Organe. Bildung eines Verwaltungsrats oder ähnlicher Gremien möglich. Innenorganisation kann dadurch der von Kapitalgesellschaften angeglichen werden.	Neben den Gesellschaftern keine besonderen Organe. Gestaltung von Innenorganisation (Bildung eines Verwaltungsrats oder ähnlicher Gremien) wie bei OHG möglich.	Keine besonderen Organe.	Neben den Gesellschaftern keine besonderen Organe. Freiwillige Bildung jedoch möglich.

GmbH u. Co. KG*	Gesellschaft mit beschränkter Haftung GmbH**	Aktiengesellschaft AG	Kommanditgesellschaft auf Aktien – KGaA	Eingetragene Genossenschaft eG
Mindestens ein Komplementär und ein Kommanditist notwendig. Nach herrschender Meinung möglich, dass alleiniger Gesellschafter der Komplementär-GmbH gleichzeitig auch alleiniger Kommanditist ist.	Seit 1. 1. 1981 Gründung einer Einpersonen-GmbH gesetzlich zulässig. Sie kann auch durch spätere Anteilsübernahme entstehen. Selbstkontrahierungsverbot nach § 181 BGB gilt auch für Gesellschaftergeschäftsführer einer Einpersonen-GmbH (§ 35 Abs. 3 GmbHG).	Seit Gesetzesänderung vom 2. 8. 1994 Gründung einer Einpersonen-AG möglich. Sie kann auch durch spätere Anteilsübernahme entstehen.	Mindestens ein Komplementär und ein Kommanditaktionär notwendig.	Nicht möglich, es sind mindestens 3 Mitglieder notwendig (§ 4 GenG).
Wie KG. Komplementär-GmbH haftet unbeschränkt mit dem Gesellschaftsvermögen. Wenn GmbH alleiniger Komplementär, Vermeidung der persönlichen unbeschränkten Haftung aller beteiligten natürlichen Personen.	Das Gesellschaftsvermögen der GmbH haftet in voller Höhe. Vor Eintragung im Handelsregister haften außerdem die Handelnden persönlich unbeschränkt und solidarisch (§ 11 GmbHG). Nach der Eintragung ins Handelsregister schulden die Gesellschafter der Gesellschaft nur ihre rückständige Einlage, von deren Leistungspflicht sie nicht befreit werden können (§ 19 GmbHG). Für rückständige Einlagen evtl. Gesamthaftung der Gesellschafter nach § 24 GmbHG. Im Gesellschaftsvertrag kann eine beschränkte oder unbeschränkte Nachschusspflicht gegenüber der Gesellschaft festgelegt werden (§§ 26 – 28 GmbHG). Bei unbeschränkter Nachschusspflicht steht dem Gesellschafter jedoch ein Abandonrecht zu (§ 27 GmbHG).	Das Gesellschaftsvermögen der AG haftet in voller Höhe. Vor Eintragung im Handelsregister haften die Handelnden persönlich und unbeschränkt (§ 41 AktG). Nach der Eintragung ins Handelsregister entfällt die persönliche Haftung. Die Aktionäre schulden lediglich noch nicht geleistete Einlagen (§§ 54 – 56, 65 AktG). Eine Befreiung davon ist nicht möglich (§ 66 AktG). Keine Nachschusspflicht der Aktionäre.	Die Komplementäre haften wie die Komplementäre der Kommanditgesellschaft unbeschränkt (§ 278 AkG). Für die Kommanditaktionäre gelten die Bestimmungen der AG.	Das Vermögen der Genossenschaft haftet den Gläubigern gegenüber. Statut muss Bestimmungen enthalten, ob im Insolvenzverfahren die Genossen unbeschränkte oder auf eine bestimmte Haftsumme beschränkte Nachschüsse oder überhaupt keine zu leisten haben (§ 6 GenG). Im Haftungsfalle haften die Genossen auch für die vor ihrem Eintritt bestehenden Verbindlichkeiten der Genossenschaft. Anderslautende Abmachungen sind unwirksam (§ 23 GenG).
Grundsätzlich wie KG, jedoch bei mehr als 2.000 Beschäftigten Aufsichtsrat mit paritätischer Besetzung nach §§ 1, 7 MitbestG 1976 notwendig.	Geschäftsführer und Gesellschafterversammlung. Aufsichtsrat fakultativ bei mehr als 500 ständig Beschäftigten nach § 1 Abs. 1 Nr. 3 Satz 2 DrittelbG jedoch notwendig (ein Drittel Arbeitnehmervertreter). Bei mehr als 2.000 Beschäftigten Aufsichtsrat nach MitbestG 1976 notwendig. Immer notwendig bei Montanindustrie nach Montan-Mitbestimmungsgesetz mit besonderer (paritätischer) Besetzung. Für den Frauenanteil in Geschäftsführung und Aufsichtsrat von GmbH, die der Mitbestimmung unterliegen, siehe § 36 und § 52 Abs. 2 GmbHG.	Vorstand (Zusammensetzung ergibt sich aus § 76 AktG) wird vom Aufsichtsrat für höchstens 5 Jahre bestellt (Verlängerung möglich § 84 AktG). Aufsichtsrat, Mitgliederzahl und Zusammensetzung gemäß §§ 95, 96 AktG. Bei mehr als 500 Beschäftigten 1/3 Arbeitnehmervertreter nach § 4 DrittelbG. Bei mehr als 2.000 Arbeitnehmern paritätische Besetzung nach Mitbestimmungsgesetz 1976. Für den Frauenanteil in Geschäftsführung und Aufsichtsrat von AG, die börsennotiert sind oder der Mitbestimmung unterliegen, siehe § 76 Abs. 4, § 96 Abs. 2 und 3 sowie § 111 Abs. 5 AktG. Hauptversammlung.	Aufsichtsrat (wie AG), Hauptversammlung. Vorstandsfunktionen werden von den Komplementären wahrgenommen.	Vorstand mindestens 2 Mitglieder (§ 24 Abs. 2 GenG). Aufsichtsrat mindestens 3 Mitglieder (§ 36 Abs. 1 GenG). Arbeitnehmervertreter im AR wie bei GmbH. Generalversammlung (teilweise auch Mitgliederversammlung genannt) bzw. Vertreterversammlung (bei über 1.500 Genossen (Mitgliedern) (§§ 43, 43a GenG). Für den Frauenanteil in Geschäftsführung und Aufsichtsrat von Genossenschaften, die der Mitbestimmung unterliegen, siehe § 9 Abs. 3 GenG.

* Die Ausführungen zur GmbH und Co. KG gelten für eine AG und Co. KG entsprechend.
** Die Ausführungen zur GmbH gelten für eine UG (haftungsbeschränkt) entsprechend.

Unternehmensformen / Wesensmerkmale	Offene Handelsgesellschaft – OHG	Kommanditgesellschaft KG	Stille Gesellschaft	Gesellschaft bürgerlichen Rechts BGB-Gesellschaft
17. Geschäftsführung (Innenverhältnis)	Die Geschäftsführung kann im Gesellschaftsvertrag beliebig geregelt werden (§ 109 HGB). Mangels einer vertraglichen Regelung sind alle Gesellschafter einzeln zur Geschäftsführung berechtigt und verpflichtet (§ 114 HGB). Die anderen Gesellschafter haben jedoch ein Widerspruchsrecht (§ 115 HGB). Bei Geschäften, die über den gewöhnlichen Betrieb der Gesellschaft hinausgehen, ist die Zustimmung aller Gesellschafter erforderlich. Ebenso bei Bestellung einer Prokura (§ 116 HGB). Einem von der Geschäftsführung ausgeschlossenen Gesellschafter steht ein Kontrollrecht gem. § 118 HGB zu.	Die Geschäftsführung kann vertraglich beliebig geregelt werden. Sofern nichts Besonderes vereinbart ist, liegt sie bei den persönlich haftenden Gesellschaftern einzeln. Es gilt für die Komplementäre Entsprechendes wie für die Gesellschafter der OHG. Die Kommanditisten sind von der Geschäftsführung grundsätzlich ausgeschlossen (§ 164 HGB). Neben dem Kontrollrecht gem. § 166 HGB steht den Kommanditisten ein Widerspruchsrecht bei Handlungen, die über den gewöhnlichen Geschäftsbetrieb hinausgehen, zu (§ 164 HGB).	Die Geschäftsführung liegt beim Inhaber. Dem stillen Gesellschafter stehen nur beschränkte Kontrollrechte zu (§ 233 HGB).	Die Geschäftsführung steht grundsätzlich allen Gesellschaftern gemeinsam zu (§ 709 BGB). Vertraglich kann jedoch auch Einzelgeschäftsführungsbefugnis festgelegt werden. In diesem Falle hat jeder Gesellschafter ein Widerspruchsrecht (§ 711 BGB). Die Geschäftsführung kann vertraglich auf einen oder mehrere Gesellschafter beschränkt werden (§ 710 BGB). Den nicht zur Geschäftsführung zugelassenen Gesellschaftern steht ein Nachprüfungsrecht zu (§ 716 BGB).
18. Vertretung (Außenverhältnis)	Zur Vertretung der Gesellschaft ist grundsätzlich jeder Gesellschafter berechtigt. Im Gesellschaftsvertrag kann aber Gesamtvertretung festgelegt werden (§ 125 HGB) oder auch einzelne Gesellschafter von der Vertretung ausgeschlossen werden. Zur Wirkung gegenüber Dritten ist jedoch Eintragung ins Handelsregister notwendig (§ 106 Abs. 2 Nr. 4 HGB).	Die Gesellschaft wird grundsätzlich durch die Komplementäre vertreten. Für die Komplementäre gelten die Vorschriften der Offenen Handelsgesellschaft. Die Kommanditisten sind zur Vertretung der Gesellschaft nicht berechtigt (§ 170 HGB), doch kann ihnen Prokura oder Handlungsvollmacht erteilt werden.	Die Vertretung erfolgt allein durch den Geschäftsinhaber. Der stille Gesellschafter besitzt grundsätzlich keine Vertretungsbefugnisse. Es kann ihm jedoch Prokura oder Handlungsvollmacht erteilt werden.	Die Gesellschaft wird grundsätzlich durch alle Gesellschafter gemeinsam vertreten. Es kann jedoch auch Einzelvertretungsbefugnis festgelegt oder es können einzelne Gesellschafter von der Vertretung ausgeschlossen werden (§ 714 BGB).
19. Gewinn- und Verlustverteilung	Die Gewinn- und Verlustverteilung richtet sich grundsätzlich nach dem Gesellschaftsvertrag. Mangels anderer Bestimmungen werden zunächst die Kapitalanteile mit 4 % verzinst und der Restgewinn nach Köpfen verteilt. Verluste werden ebenfalls nach Köpfen verteilt (§ 121 HGB).	Die Gewinn- und Verlustverteilung richtet sich grundsätzlich nach dem Gesellschaftsvertrag. Mangels anderer Bestimmungen werden zunächst die Kapitalanteile mit 4 % verzinst und der Rest in einem den Umständen nach angemessenen Verhältnis aufgeteilt. Verluste werden ebenfalls in einem den Umständen nach angemessenen Verhältnis aufgeteilt (§ 168 HGB). Nach § 167 Abs. 3 HGB nimmt der Kommanditist nur bis zur Höhe seines Kapitalanteils am Verlust teil, jedoch kann eine andere Regelung vereinbart werden.	Der Anteil des stillen Gesellschafters am Gewinn und Verlust wird durch Vertrag bestimmt. Ist im Vertrag nichts gesagt, so gilt ein den Umständen nach angemessener Anteil als bedungen. Im Gesellschaftsvertrag kann bestimmt werden, dass der stille Gesellschafter nicht am Verlust teilnimmt (§ 231 HGB).	Die Gewinn- und Verlustverteilung richtet sich grundsätzlich nach dem Gesellschaftsvertrag. Mangels anderer Bestimmungen sind alle Gesellschafter zu gleichen Teilen am Gewinn und Verlust beteiligt (§ 722 BGB). Die Gewinnverteilung hat bei Auflösung der Gesellschaft oder am Ende des Geschäftsjahres zu erfolgen (§ 721 BGB).

GmbH u. Co. KG*	Gesellschaft mit beschränkter Haftung GmbH**	Aktiengesellschaft AG	Kommanditgesellschaft auf Aktien – KGaA	Eingetragene Genossenschaft eG
Wie KG. Die Geschäftsführung liegt grundsätzlich bei der Komplementär-GmbH, die ihrerseits durch ihre Organe (in der Regel Geschäftsführer) handelt.	Wie KG. Die Geschäftsführung liegt grundsätzlich bei der Komplementär-GmbH, die ihrerseits durch ihre Organe (in der Regel Geschäftsführer) handelt.	Geschäftsführungsorgane sind der oder die von der Gesellschafterversammlung eingesetzten Geschäftsführer. Soweit vertraglich nichts anderes geregelt, besteht Gesamtgeschäftsführungsbefugnis. In besonderen Fällen liegen gewisse Geschäftsführungsbefugnisse bei der Gesellschafterversammlung bzw. beim Aufsichtsrat, falls ein solcher besteht. Geschäftsführer müssen unbeschränkt geschäftsfähige natürliche Personen sein. Insolvenzstraftäter sind für 5 Jahre ausgeschlossen (§ 6 GmbHG). Weitgehende Beschränkungen der Geschäftsführungsbefugnisse im Innenverhältnis möglich.	Der vom Aufsichtsrat bestellte Vorstand führt die Geschäfte der AG in eigener Verantwortung (§ 76 AktG). Seine Rechte dürfen nicht eingeschränkt werden (§ 82 AktG). Grundsätzlich besteht Gesamtgeschäftsführungsbefugnis: in der Satzung kann jedoch auch Einzelgeschäftsführungsbefugnis festgelegt werden (§ 77 AktG). Gewisse Maßnahmen, insbesondere bei Geschäften mit dem Vorstand, fallen in die Kompetenz des Aufsichtsrates oder der Hauptversammlung. Der Aufsichtsrat überwacht die Tätigkeit des Vorstandes (§ 111 AktG).	Dem Vorstand obliegt die Geschäftsführung der Genossenschaft in eigener Verantwortung. Der Aufsichtsrat überwacht die Tätigkeit des Vorstandes (§ 38 GenG). Die Aufgaben der Generalversammlung entsprechen sinngemäß denen der Hauptversammlung bei der AG, Rechte der Generalversammlung jedoch weitergehend, z. B. Feststellung des Jahresabschlusses durch Generalversammlung (§ 48 GenG).
Wie KG. Die Gesellschaft wird in der Regel durch die Komplementär-GmbH vertreten. Diese wird ihrerseits durch ihre Geschäftsführer vertreten.	Wie KG. Die Gesellschaft wird in der Regel durch die Komplementär-GmbH vertreten. Diese wird ihrerseits durch ihre Geschäftsführer vertreten.	Die Gesellschaft wird durch den oder die Geschäftsführer vertreten (§ 35 GmbHG). Beschränkungen der Vertretungsbefugnisse sind Dritten gegenüber unwirksam (§ 37 GmbHG). Soweit im Gesellschaftsvertrag nichts anderes bestimmt ist, gilt Gesamtvertretungsmacht. Willenserklärungen gegenüber der Gesellschaft brauchen auch bei Gesamtvertretungsmacht nur einem Geschäftsführer abgegeben werden. Hat eine GmbH keinen Geschäftsführer (Führungslosigkeit), wird sie bei Abgabe von Willenserklärungen oder Zustellung von Schriftstücken durch die Gesellschafter vertreten (§ 35 Abs. 1 GmbHG).	Die Aktiengesellschaft wird grundsätzlich durch den Vorstand vertreten (§ 78 AktG). Wird durch die Satzung nichts anderes bestimmt, sind sämtliche Vorstandsmitglieder nur gemeinsam zur Vertretung befugt. Willenserklärungen gegenüber der Gesellschaft brauchen nur einem Vorstandsmitglied abgegeben zu werden (§ 78 Abs. 3 AktG). Nur bei bestimmten Geschäften (insbesondere mit dem Vorstand) und bei Führungslosigkeit wird die AG durch den Aufsichtsrat vertreten.	Die Genossenschaft wird durch den Vorstand vertreten (§ 24 GenG). Wenn durch die Satzung nichts anderes bestimmt ist, so sind sämtliche Vorstandsmitglieder nur gemeinsam zur Vertretung befugt (§ 25 GenG).
Wie KG. Aus steuerlichen Gründen kann ein Interesse daran bestehen, der Komplementär-GmbH nur einen geringen Gewinnanteil zukommen zu lassen. Steuerlich sind die Grenzen durch die Grundsätze über die verdeckte Gewinnausschüttung gezogen, insbesondere wenn GmbH-Gesellschafter gleichzeitig Kommanditisten sind.	Die Gewinnverteilung richtet sich grundsätzlich nach dem Gesellschaftsvertrag. Mangels anderer Bestimmungen erfolgt die Gewinnverteilung entsprechend der Höhe der Geschäftsanteile (§ 29 Abs. 3 GmbHG). Gesellschafter beschließen über Ergebnisverwendung (§ 29 Abs. 2 GmbHG). Grundsätzlich Anspruch der Gesellschafter auf Jahresüberschuss zuzügl. Gewinnvortrag u. abzügl. Verlustvortrag bzw. Bilanzgewinn (§ 29 Abs. 1 GmbHG). Wenn der Gesellschaftsvertrag nichts anderes bestimmt, können durch Gesellschafterbeschluss Beträge in Gewinnrücklagen eingestellt oder als Gewinn vorgetragen werden (§ 29 Abs. 2 GmbHG).	Die Anteile am Gewinn bestimmen sich nach dem Verhältnis der Aktiennennbeträge, jedoch kann die Satzung eine andere Art der Gewinnverteilung vorschreiben (§ 60 AktG z. B. bei Vorzugsaktien). Über die Gewinnverwendung beschließt die Hauptversammlung auf Vorschlag des Vorstandes (§§ 119, 170, 174 AktG). Grundlage bildet der festgestellte Jahresabschluss. Vorstand und Aufsichtsrat dürfen höchstens die Hälfte des Jahresüberschusses in andere Gewinnrücklagen einstellen, soweit nicht die Satzung einen größeren oder kleineren Anteil vorsieht, jedoch nur insoweit, als die anderen Gewinnrücklagen nicht die Hälfte des Grundkapitals übersteigen (§ 58 AktG). Mindestausschüttung nach § 254 AktG ist zu beachten.	Die Anteile der Kommanditaktionäre am Gewinn bestimmen sich mangels einer anderen Vereinbarung nach dem Verhältnis der Aktiennennbeträge. Entfällt auf einen persönlich haftenden Gesellschafter ein Verlust, der seinen Kapitalanteil übersteigt, so darf er keinen Gewinn auf seinen Kapitalanteil entnehmen (§ 288 Abs. 1 AktG). Siehe auch Spalte „20. Entnahmerecht“.	Die Vergütung des Jahresgewinns auf die Genossen erfolgt nach dem Verhältnis ihrer auf den Geschäftsanteil geleisteten Einzahlungen. Für jedes folgende Jahr nach dem Verhältnis ihrer durch Zu- oder Abschreibungen veränderten Geschäftsguthaben. Im Statut kann eine andere Regelung vereinbart werden (§ 19 GenG). Über die Gewinnverteilung beschließt die Generalversammlung (§ 48 GenG).

* Die Ausführungen zur GmbH und Co. KG gelten für eine AG und Co. KG entsprechend.

** Die Ausführungen zur GmbH gelten für eine UG (haftungsbeschränkt) entsprechend.

Unternehmensformen / Wesensmerkmale	Offene Handelsgesellschaft – OHG	Kommanditgesellschaft KG	Stille Gesellschaft	Gesellschaft bürgerlichen Rechts BGB-Gesellschaft
20. Entnahmerecht	Soweit nichts anderes vereinbart, ist gemäß § 122 HGB jeder Gesellschafter berechtigt, jährlich bis zu 4 % seines Kapitalanteils zu entnehmen. Darüber hinausgehende Gewinnanteile können nur entnommen werden, wenn es nicht zum Schaden der Gesellschaft gereicht.	Für die Komplementäre gilt die Regelung für die OHG-Gesellschafter (§ 122 HGB) Für die Kommanditisten gilt dieses Entnahmerecht nicht. Sie haben nur Anspruch auf Auszahlung des Gewinnanteils, solange ihr Kapitalanteil nicht unter die bedungene Einlage sinkt (§ 169 HGB).	Der stille Gesellschafter hat nur Anspruch auf Auszahlung seines Gewinnanteils am Schluss eines Geschäftsjahres. Ist seine Einlage durch Verluste gemindert, ist sie durch die späteren Gewinne zuerst wieder aufzufüllen (§ 232 HGB).	Sofern keine anderen Vereinbarungen getroffen wurden, wird der Gewinn bei Auflösung der Gesellschaft verteilt. Bei längerer Dauer der Gesellschaft nach Abschluss eines Geschäftsjahres (§ 721 BGB).
21. Kontroll- und Informationsrecht der Gesellschafter	Ein Gesellschafter kann, auch wenn er von der Geschäftsführung ausgeschlossen ist, sich persönlich unterrichten und Handelsbücher und Papiere einsehen sowie sich eine Bilanz und einen Jahresabschluss anfertigen. Entgegenstehende Vereinbarungen sind unwirksam, wenn Grund zur Annahme unredlicher Geschäftsführung besteht (§ 118 HGB). Die persönliche Haftung rechtfertigt die weitgehenden Kontrollrechte.	Für Komplementäre wie bei OHG-Gesellschaftern. Für Kommanditisten eingeschränkte Kontrollrechte nach § 166 HGB. Abschrift des Jahresabschlusses kann verlangt und dessen Richtigkeit geprüft werden. Wenn wichtige Gründe vorliegen, kann über Gericht jederzeit die Vorlage von Unterlagen erzwungen werden (§ 166 Abs. 3 HGB).	Kontrollrechte des stillen Gesellschafters entsprechen denen des Kommanditisten. Der stille Gesellschafter kann Abschrift des Jahresabschlusses verlangen und dessen Richtigkeit nachprüfen. Wenn wichtige Gründe vorliegen, kann die Vorlage von Unterlagen jederzeit über Gericht erzwungen werden (§ 233 HGB).	Die Kontrollrechte der Gesellschafter, auch wenn sie von der Geschäftsführung ausgeschlossen sind, ergeben sich aus § 716 BGB. Sie entsprechen denen der OHG-Gesellschafter. Einsichtsrecht in Bücher und Papiere. Ausfertigung einer Übersicht über Gesellschaftsvermögen. Entgegenstehende Vereinbarungen sind unwirksam, wenn Grund zur Annahme unredlicher Geschäftsführung besteht (§ 716 Abs. 2 BGB).
22. Fristen für die Aufstellung und Feststellung des Jahresabschlusses*	Aufstellung innerhalb der einem ordnungsgemäßen Geschäftsgang entsprechenden Zeit (§ 243 Abs. 3 HGB). Kein exakter Zeitraum festgelegt, soweit nicht 3-Monatsfrist nach § 5 PublG vorgeschrieben. Keine gesetzlichen Vorschriften für Feststellung.	Wie OHG.	Maßgebend ist Rechtsform des Geschäftsinhabers. Keine besondere Vorschrift für Stille Gesellschaft (Innengesellschaft).	Keine Anwendung des HGB. Kein exakter Zeitraum. Praktisch wie OHG.
23. Bestandteile des Jahresabschlusses	Bilanz (Kontoform) G+V (Konto- oder Staffelform) (§ 242 Abs. 3 HGB).	Wie OHG.	Keine Vorschrift nach HGB (kein Kaufmann). Maßgebend ist Rechtsform des Geschäftsinhabers.	Keine Vorschrift nach HGB (kein Kaufmann). Praktisch wie OHG.

* Beachte aber die vorrübergehende Regelungen durch das GesRuaCOVBekG vom 27. 3. 2020

GmbH u. Co. KG*	Gesellschaft mit beschränkter Haftung GmbH**	Aktiengesellschaft AG	Kommanditgesellschaft auf Aktien – KGaA	Eingetragene Genossenschaft eG
Wie KG.	Kein Entnahmerecht. Die Gesellschafter haben aber Anspruch auf Auszahlung der beschlossenen oder vertraglich festgelegten Gewinnausschüttung (§ 29 GmbHG), soweit kein anderer Beschluss oder andere Regelung vorliegt wie z. B. Verwendung für Kapitalerhöhung oder Darlehensgewährung. Kapitalertragsteuer ist einzubehalten. Entnahmen als Darlehen bedürfen besonderer Vereinbarung. Zwischen- oder Vorausdividende nach herrschender Meinung möglich, jedoch beschränkt auf bereits erzielte Gewinne. Regelung im Gesellschaftsvertrag.	Die Aktionäre haben nur Anspruch auf Auszahlung der von der Hauptversammlung beschlossenen Dividende (§ 58 Abs.4 AktG). Der Vorstand hat einen Vorschlag für die Gewinnverwendung zu machen (§ 170 Abs. 2 AktG). Anfechtungsmöglichkeit des Beschlusses gemäß §§ 243, 254 AktG. Zwischendividende möglich, wenn in Satzung vorgesehen und Aufsichtsrat zustimmt. Jedoch nur im Rahmen von § 59 Abs. 2 AktG.	Kein Entnahmerecht der Komplementäre, soweit ihre Verlustanteile ihren Kapitalanteil übersteigen (§ 288 Abs. 1 Satz 1 AktG). Desgleichen wenn Voraussetzungen von § 288 Abs. 1 Satz 2 AktG gegeben sind. In diesem Falle sind auch Kreditgewährungen unzulässig (§ 288 Abs. 2 AktG). Dies gilt nicht für gewinnabhängige Tätigkeitsvergütungen (§ 288 Abs. 3 AktG). Für die Kommanditaktionäre gelten die Bestimmungen über die AG.	Die Auszahlung des Gewinns richtet sich nach dem Statut. Sonst Auszahlung nur, wenn Geschäftsanteil erreicht ist. Nach Verlusten erfolgen Gewinnauszahlungen nur nach Wiederauffüllung der Geschäftsguthaben (§§ 19 und 20 GenG).
Wie KG.	Die Geschäftsführer haben jedem Gesellschafter auf Verlangen unverzüglich Auskunft über Gesellschaftsangelegenheiten zu geben und die Einsicht in Bücher und Schriften der Gesellschaft zu gestatten. Abweichende gesellschaftsvertragliche Regelungen sind unzulässig (Minderheitenschutz). Verweigerung der Auskunft nur, wenn zu befürchten ist, dass die Informationen für gesellschaftsfremde Zwecke benützt und nicht unerheblicher Nachteil für die Gesellschaft entsteht (§ 51a GmbHG). Im Zweifel gerichtliche Entscheidung gemäß § 51b GmbHG i. V. m. § 132 AktG.	Aktionäre üben ihre Gesellschaftsrechte grundsätzlich In der Hauptversammlung aus (§ 118 Abs. 1 AktG). Das Auskunftsrecht des Aktionärs in der Hauptversammlung ergibt sich aus § 131 AktG. Im Zweifel entscheidet Gericht über Auskunftsverlangen (§ 132 AktG). Kontrollrechte werden von dem gewählten Aufsichtsrat ausgeübt. Keine direkten Kontrollrechte der Aktionäre. Minderheit von wenigstens 5 % des Grundkapitals kann Einberufung einer Hauptversammlung verlangen (§ 122 AktG).	Wie AG.	Mitglieder üben ihre Rechte in Angelegenheiten der Genossenschaft grundsätzlich in der Generalversammlung aus (§ 43 GenG). Dort Auskunftsrecht. Kontrollrechte werden vom gewählten Aufsichtsrat ausgeübt. Keine direkten Kontrollrechte der Mitglieder. Einberufung der Generalversammlung kann durch Minderheit von 10 % oder einem nach den Statuten geringeren Teil der Mitglieder verlangt werden (Minderheitenschutz nach § 45 GenG).
Nach KapCoRiLiG wie GmbH (§§ 264a – c HGB)	Aufstellung innerhalb von 3 Monaten (bei kleinen Kapitalgesellschaften innerhalb von 6 Monaten, wenn dies einem ordnungsgemäßen Geschäftsgang entspricht (§ 264 Abs. 1 HGB). Feststellung durch Gesellschafter innerhalb von 8 Monaten bzw. bei kleinen Gesellschaften innerhalb von 11 Monaten (§ 42a Abs. 2 GmbHG).	Aufstellung wie GmbH (§ 264 Abs. 1 HGB). Feststellung innerhalb von ca. 7 – 8 Monaten (§§ 172, 175 i. V. m. § 123 Abs. 1 AktG).	Fristen wie bei AG. Aufstellung durch phG (§ 283 Nr. 9 AktG). Bei Feststellung ist Zustimmung des phG erforderlich (§ 286 Abs. 1 AktG).	Aufstellung innerhalb von 5 Monaten nach Schluss des Geschäftsjahres (§ 336 Abs. 1 HGB). Feststellung durch Generalversammlung bzw. Vertreterversammlung (§§ 43, 43a GenG) innerhalb von 6 Monaten (§ 48 Abs. 1 GenG).
Nach KapCoRiLiG wie GmbH (§§ 264a – c HGB)	3-teilig: Bilanz (Kontoform) G+V (Staffelform) Anhang (§ 264 Abs. 1 HGB). §§ 42 und 42a GmbHG. Bei Kleinst-GmbH Verzicht auf Anhang, wenn bestimmte Angaben unter der Bilanz ausgewiesen werden (§ 264 Abs. 1 Satz 5 HGB).	Wie GmbH. Zusätzliche Angaben im Anhang nach § 160 AktG, ausgenommen für Kleinst-AG (§ 160 Abs. 3 AktG).	Wie AG.	3-teilig. Bilanz (Kontoform) G+V (Konto- oder Staffelform) Anhang (§ 336 Abs. 1 HGB).

* Die Ausführungen zur GmbH und Co. KG gelten für eine AG und Co. KG entsprechend.
** Die Ausführungen zur GmbH gelten für eine UG (haftungsbeschränkt) entsprechend.

Unternehmens-formen / Wesens-merkmale	Offene Handels-gesellschaft – OHG	Kommandit-gesellschaft KG	Stille Gesellschaft	Gesellschaft bürgerlichen Rechts BGB-Gesellschaft
24. Allgemeine Grundsätze für den Jahresabschluss (Generalklauseln als Zielvorschrift)	Der Jahresabschluss ist nach den Grundsätzen ordnungsmäßiger Buchführung aufzustellen. Er muss klar und übersichtlich sein (§ 243 Abs. 1 u. 2 HGB). Allgemeine Bewertungsgrundsätze nach § 252 HGB sind zu beachten. Keine besonderen Vorschriften für Gliederung, jedoch ist § 247 HGB zu beachten. GoB sind nur teilweise kodifiziert, im Übrigen sind sie Gewohnheitsrecht.	Wie OHG.	Rechtsform des Geschäftsinhabers maßgebend, keine Vorschriften für Stille Gesellschaft (Innengesellschaft).	Keine Vorschriften im HGB Praktisch wie OHG.
25. Gliederungsvorschriften und Angabe von Vorjahreszahlen	In Bilanz sind Anlage und Umlaufvermögen, Eigenkapital und Schulden sowie Rechnungsabgrenzungsposten gesondert auszuweisen und hinreichend aufzugliedern (§ 247 HGB). Keine detaillierten Gliederungsvorschriften für Bilanz. Keine Gliederungsvorschriften für G+V-Positionen. Angabe von Vorjahreszahlen nicht erforderlich.	Wie OHG.	Rechtsform des Geschäftsinhabers maßgebend. Keine Vorschriften für Stille Gesellschaft.	Keine besonderen Vorschriften. Praktisch wie OHG.
26. Bewertungsvorschriften für den Jahrsabschluss Für die steuerliche Gewinnermittlung ist gem. § 5 Abs. 1 EStG bei buchführenden Gewerbetreibenden das Betriebsvermögen anzusetzen, das nach den handelsrechtlichen Grundsätzen ordnungsmäßiger Buchführung auszuweisen ist (Prinzip der Maßgeblichkeit der Handelsbilanz für die Steuerbilanz), es sei denn, im Rahmen der Ausübung eines steuerlichen Wahlrechts wird oder wurde ein anderer Ansatz gewählt. Die sog. umgekehrte Maßgeblichkeit ist durch BilMoG entfallen, vgl. aber § 6 Abs. 1 Nr. 1b EStG.	§§ 252 – 256 HGB. Strenge Wertobergrenzen (Gläubigerschutz).	Wie OHG.	Rechtsform des Geschäftsinhabers maßgebend. Keine Vorschriften für Stille Gesellschaft (Innengesellschaft).	Keine besonderen Vorschriften. Praktisch wie OHG.

GmbH u. Co. KG*	Gesellschaft mit beschränkter Haftung GmbH**	Aktiengesellschaft AG	Kommanditgesellschaft auf Aktien – KGaA	Eingetragene Genossenschaft eG
Nach KapCoRiLiG wie GmbH (§§ 264a – c HGB)	Der Jahresabschluss hat unter Beachtung der Grundsätze ordnungsmäßiger Buchführung ein den tatsächlichen Verhältnissen entsprechendes Bild der Vermögens-, Finanz- und Ertragslage zu vermitteln (Grundsatz von true and fair view). Falls dies nicht zutrifft, sind zusätzliche Angaben im Anhang erforderlich. (§§ 243 Abs. 1 u. § 264 Abs. 2 HGB). Bei Kleinst-GmbH wird vermutet, dass ein unter Berücksichtigung der Erleichterungen für Kleinst-KapG aufgestellter Jahresabschluss den Erfordernissen des Grundsatzes von true and fair view entspricht (§ 264 Abs. 2 Satz 5 HGB). Allg. Bewertungsvorschriften nach § 252 HGB u. allg. Gliederungsvorschriften für KapG nach § 265 HGB sind zu beachten.	Wie GmbH.	Wie GmbH und AG.	Wie GmbH und AG. Einige Vorschriften für Kapitalgesellschaften sind nicht anzuwenden (§ 336 Abs. 2 HGB). Die Erleichterungen für Kleinst-KapG (§ 267a HGB) sind auch auf Genossenschaften anzuwenden (§ 336 Abs. 2 Satz 3 HGB).
Nach KapCoRiLiG wie GmbH (§§ 264a – c HGB)	Gliederung für Bilanz in § 266 HGB und für G+V in § 275 HGB zwingend vorgeschrieben. Gewisse Zusammenfassung für Kleinstgesellschaften, kleine und mittelgroße Gesellschaften möglich (§ 266 Abs. 1 HGB für Bilanz, § 276 HGB für G+V). Vorjahreszahlen sind erforderlich (§ 265 Abs. 2 HGB). Angaben im Anhang nach §§ 284 u. 285 HGB erforderlich (ausgenommen Kleinstgesellschaften, s. § 264 Abs. 1 Satz 5 HGB). Erleichterungen für kleine und mittelgroße Gesellschaften nach §§ 274a und 288 HGB. § 42 Abs. 3 GmbHG (Forderungen und Verbindlichkeiten gegenüber Gesellschaftern) ist zu beachten.	Wie GmbH. Kleine, mittelgroße und große AG haben zusätzliche Angaben in Bilanz (§ 152 AktG) und G+V (§ 158 AktG) sowie im Anhang (§ 160 AktG) sind zu beachten.	Wie AG – mit den Besonderheiten von § 286 Abs. 2 – 4 AktG.	Wie KapG (GmbH, AG, KGaA).
Nach KapCoRiLiG wie GmbH (§§ 264a – c HGB)	Bewertungsvorschriften der §§ 252 – 256 HGB sind maßgebend (Gläubigerschutz).	Wie GmbH.	Wie GmbH u. AG.	Wie KapG (GmbH, AG, KGaA).

* Die Ausführungen zur GmbH und Co. KG gelten für eine AG und Co. KG entsprechend.
** Die Ausführungen zur GmbH gelten für eine UG (haftungsbeschränkt) entsprechend.

Unternehmensformen / Wesensmerkmale	Offene Handelsgesellschaft – OHG	Kommanditgesellschaft KG	Stille Gesellschaft	Gesellschaft bürgerlichen Rechts BGB-Gesellschaft
27. Lagebericht	Nicht erforderlich.	Wie OHG.	Maßgebend ist Rechtsform des Geschäftsinhabers. Für Stille Gesellschaft selbst nicht erforderlich (Innengesellschaft).	Nicht erforderlich.
28. Kapitalrücklage und Gewinnrücklage	Nicht erforderlich.	Wie OHG.	Maßgebend ist Rechtsform des Geschäftsinhabers. Für Stille Gesellschaft selbst nicht erforderlich (Innengesellschaft).	Nicht erforderlich.
29. Prüfungspflicht für Jahresabschluss und Lagebericht	Keine Prüfungspflicht sofern nicht Größenordnungsmerkmale des PublG greifen oder Prüfungspflicht nach KWG.	Wie OHG.	Maßgebend Rechtsform des Geschäftsinhabers.	Keine Prüfungspflicht.
30. Offenlegung und Publizitätspflicht von Jahresabschluss und Lagebericht	Keine Offenlegung und Publizität (weder Einreichung zum Handelsregister noch Veröffentlichung im Bundesanzeiger) erforderlich, sofern nicht PublG oder KWG greifen.	Wie OHG.	Rechtsform des Geschäftsinhabers maßgebend. Keine Vorschriften für Stille Gesellschaft (Innengesellschaft).	Wie OHG.

GmbH u. Co. KG*	Gesellschaft mit beschränkter Haftung GmbH**	Aktiengesellschaft AG	Kommanditgesellschaft auf Aktien – KGaA	Eingetragene Genossenschaft eG
Nach KapCoRiLiG wie GmbH (§§ 264a – c HGB)	Für mittelgroße und große Kapitalgesellschaften erforderlich (§ 264 Abs. 1 HGB). Inhalt ergibt sich aus §§ 289 ff HGB. Kleine und Kleinstgesellschaften befreit.	Für mittelgroße und große Kapitalgesellschaften erforderlich wie bei GmbH. Kleine und Kleinstgesellschaften befreit (§§ 264 Abs. 1 HGB).	Für mittelgroße und große Kapitalgesellschaften erforderlich wie bei AG. Kleine und Kleinstgesellschaften befreit.	Für mittelgroße und große Genossenschaften erforderlich (§ 336 Abs. 2 HGB). Inhalt ergibt sich aus §§ 289 ff HGB i. V. m. § 336 Abs. 2 HGB.
Nach KapCoRiLiG wie GmbH (§§ 264a – c HGB)	Kapitalrücklage ggfs. nach § 272 Abs. 2 HGB zu bilden. Für UG haftungsbeschränkt ist – im Gegensatz zur GmbH – im Rahmen der Gewinnrücklagen eine gesetzliche Rücklage zu bilden (§ 5a Abs. 3 GmbHG).	Kapitalrücklage wie bei GmbH. Zusätzlich ist aus Jahresüberschuss gesetzliche Rücklage nach § 150 AktG im Rahmen der Gewinnrücklagen zu bilden.	Wie AG.	Wie GmbH. Zusätzlich ist gesetzliche Rücklage nach § 7 Nr. 2 GenG zu beachten.
Nach KapCoRiLiG wie GmbH (§§ 264a – c HGB).	Für mittelgroße und große Gesellschaften erforderlich, § 316 HGB (siehe auch § 42a GmbHG). Abschlussprüfer bei großen Gesellschaften = WP oder WPG, bei mittelgroßen Gesellschaften = WP oder WPG oder vBP oder Buchprüfungsgesellschaft (§ 319 Abs. 1 HGB).	Wie GmbH. § 316 HGB. Prüfung von mittelgroßen und großen AGs nur durch WP oder WPG (§ 319 HGB).	Wie GmbH und AG.	Prüfung durch Prüfungsverband erforderlich (§ 53 GenG). Pflichtmitgliedschaft im Prüfungsverband (§ 54 GenG).
Nach KapCoRiLiG wie GmbH (§§ 264a – c HGB).	**Große Gesellschaften:** Spätestens ein Jahr nach Abschlussstichtag Einreichung und Bekanntmachung im Bundesanzeiger von festgestelltem oder gebilligtem Jahresabschluss, Lagebericht, Bestätigungs-/Versagungsvermerk, Bericht des Aufsichtsrats (soweit Aufsichtsrat vorhanden), Ergebnisverwendungsvorschlag und -beschluss (§ 325 HGB). **Erleichterungen für mittelgroße Gesellschaften:** Offenlegung wie große Gesellschaften, aber Bilanz und Anhang in verkürzter Form (§ 327 HGB). **Erleichterungen für kleine Gesellschaften:** Einreichung beschränkt auf verkürzte Bilanz (§ 266 Abs. 1 Satz 3 HGB) und verkürzten Anhang, keine GuV und keine Angaben zu Ergebnisverwendung (§ 326 Abs. 1 HGB). **Kleinst-KapG:** Sie können wählen, ob sie die Offenlegungspflicht durch Veröffentlichung (Bekanntmachung wie kleine Gesellschaft) oder durch Hinterlegung der Bilanz beim Betreiber des Bundesanzeigers erfüllen. Dabei ist mitzuteilen, dass zwei der drei genannten Größenmerkmale nicht überschritten werden (§ 325a Abs. 3, § 326 Abs. 2 HGB).	Wie GmbH. Börsennotierte Gesellschaften haben außerdem die nach § 161 AktG vorgeschriebene Erklärung zum Corporate Governance Kodex einzureichen.	Wie GmbH und AG.	Einreichung des Jahresabschlusses, des Lageberichts und des Berichts des Aufsichtsrates zum Bundesanzeiger (§ 339 Abs. 1 HGB). Große Genossenschaften haben den Jahresabschluss mit Bestätigungsvermerk einzureichen (§ 58 Abs. 2 GenG). Größenabhängige Erleichterungen für die Offenlegung nach §§ 326 ff. HGB wie bei Kapitalgesellschaften (§ 339 Abs. 2 HGB).

* Die Ausführungen zur GmbH und Co. KG gelten für eine AG und Co. KG entsprechend.
** Die Ausführungen zur GmbH gelten für eine UG (haftungsbeschränkt) entsprechend.

Unternehmensformen / Wesensmerkmale	Offene Handelsgesellschaft – OHG	Kommanditgesellschaft KG	Stille Gesellschaft	Gesellschaft bürgerlichen Rechts BGB-Gesellschaft
31. Notwendige Angaben auf Geschäftsbriefen	§ 125a HGB.	§ 177a HGB.	Keine besonderen Vorschriften. Maßgebend ist Rechtsform des Geschäftsinhabers.	Keine besonderen Vorschriften.
32. Mitbestimmung der Arbeitnehmer im Aufsichtrat	Kein Aufsichtsrat mit Arbeitnehmervertretern erforderlich.	Kein Aufsichtsrat mit Arbeitnehmervertretern erforderlich. Ausnahmen GmbH u. Co. KG (siehe dort).	Kein Aufsichtsrat mit Arbeitnehmervertretern erforderlich. Maßgebend ist Unternehmensform des Geschäftsinhabers.	Kein Aufsichtsrat mit Arbeitnehmervertretern erforderlich.
33. Verpflichtung zur Einleitung des Insolvenzverfahrens, Pflicht zur Information der Gesellschafter bei Verlust von halbem Stamm- bzw. Grundkapital. Zum Insolvenzverfahren siehe auch §§ 11 ff. InsO	Bei Zahlungsunfähigkeit. Sofern keine natürliche Person voll haftet, auch bei Überschuldung gemäß § 130a HGB.	Bei Zahlungsunfähigkeit. Sofern keine natürliche Person Komplementär ist, auch bei Überschuldung, gemäß § 130a HGB (siehe Spalte GmbH u. Co. KG).	Keine besondere Verpflichtung für die Stille Gesellschaft (Innengesellschaft). Maßgebend ist die Rechtsform des Geschäftsinhabers. Stiller Gesellschafter ist Insolvenzgläubiger.	Keine besondere Vorschrift für die Gesellschaft. Maßgebend sind die Verhältnisse der Gesellschafter. Eigenes Insolvenzverfahren für BGB-Gesellschaft möglich (§ 11 Abs. 2 InsO).
34. Auflösung und Beendigung	Die Auflösungsgründe ergeben sich aus § 131 HGB: Zeitablauf, Gesellschafterbeschluss, Insolvenz der Gesellschaft, gerichtliche Entscheidung. Bei der Auflösung geht die Gesellschaft in eine Liquidationsgesellschaft über. Liquidatoren sind in der Regel alle Gesellschafter (§ 146 HGB). Nach Beendigung der Liquidation ist das Erlöschen der Firma zur Eintragung in das Handelsregister anzumelden (§ 157 HGB).	Wie bei OHG. Der Tod eines Kommanditisten ist kein Auflösungsgrund (§ 177 HGB). Auch die Kommanditisten sind in der Regel Liquidatoren.	Gemäß § 234 HGB Anwendung bestimmter Vorschriften für die OHG und die BGB-Gesellschaft. Der Tod des stillen Gesellschafters ist kein Auflösungsgrund. Mit der Auflösung tritt sofort die Beendigung der Gesellschaft ein. Da keine Vermögensgemeinschaft besteht, ist eine besondere Abwicklung nicht notwendig.	Kündigung (§§ 723 – 725 BGB), Erreichen oder Unmöglichwerden des Gesellschaftszweckes, Zeitablauf, Insolvenzeröffnung über das Vermögen eines Gesellschafters sowie durch den Tod eines Gesellschafters (§§ 726 – 728 BGB). Die Gesellschaft wird auch durch Anteilsvereinigung in einer Hand beendet. Die Auflösung führt in der Regel zur Umwandlung in eine Abwicklungsgesellschaft. Die Art der Auseinandersetzung wird von den Gesellschaftern bestimmt. Im Zweifel erfolgt Liquidation.
35. Vererblichkeit der Gesellschaftsanteile bei Tod eines Gesellschafters	Grundsätzlich ist Gesellschaftsanteil nicht vererblich. Zustimmung der übrigen Gesellschafter zur Aufnahme von Erben erforderlich. Falls Regelung im Gesellschaftsvertrag, kann Erbe nach Maßgabe von § 139 HGB Kommanditist werden.	Bei Tod eines Vollhafters wie OHG. Bei Tod eines Kommanditisten Fortsetzung mit Erben, soweit vertraglich nicht ausgeschlossen (§ 177 HGB).	Für Geschäftsinhaber ist dessen Rechtsform maßgebend. Anteile des stillen Gesellschafters sind grundsätzlich vererblich (Einschränkungen im Gesellschaftsvertrag möglich § 234 Abs. 2 HBG).	Grundsätzlich ist Gesellschaftsanteil nicht vererblich. Tod eines Gesellschafters führt zur Auflösung der Gesellschaft (§ 727 BGB). Andere vertragliche Regelungen möglich.

GmbH u. Co. KG*	Gesellschaft mit beschränkter Haftung GmbH**	Aktiengesellschaft AG	Kommanditgesellschaft auf Aktien – KGaA	Eingetragene Genossenschaft eG
§ 177a HGB.	§ 35a GmbHG.	§ 80 AktG.	Sinngemäße Anwendung von § 80 AktG gemäß § 278 Abs. 3 AktG.	§ 25a GenG.
Nur bei einer Beschäftigtenzahl von in der Regel mehr als 2.000 Arbeitnehmern ist ein Aufsichtsrat mit 50 % Arbeitnehmervertretern nach dem MitbestG 1976 erforderlich (§ 4 MitbestG).	Bei mehr als 500 Arbeitnehmern ist ein Aufsichtsrat mit mindestens 1/3 Arbeitnehmervertretern erforderlich (§ 1 Abs. 1 Nr. 3 DrittelbG). Bei mehr als in der Regel 2.000 Arbeitnehmern ist ein Aufsichtsrat mit 50 % Arbeitnehmervertretern nach dem MitbestG 1976 erforderlich (§ 1 MitbestG). Bei Unternehmen der Montanindustrie ist ein Aufsichtsrat nach dem Montan-MitbestG erforderlich.	Aufsichtsrat muss nur bei mehr als 500 Beschäftigten aus mindestens 1/3 Arbeitnehmervertretern bestehen (§ 1 Abs. 1 Nr. 1 DrittelbG). Bei mehr als in der Regel 2.000 Arbeitnehmern ist ein Aufsichtsrat mit 50 % Arbeitnehmervertretern nach dem MitbestG 1976 erforderlich (§ 1 MitbestG). Bei Unternehmen der Montanindustrie ist ein Aufsichtsrat nach dem Montan-MitbestG erforderlich.	Wie AG. Siehe dort.	Bei mehr als 500 Arbeitnehmern ist ein Aufsichtsrat mit mindestens 1/3 Arbeitnehmervertretern erforderlich (§ 1 Abs. 1 Nr. 5 DrittelbG). Bei mehr als in der Regel 2.000 Arbeitnehmern ist ein Aufsichtsrat mit 50 % Arbeitnehmervertretern nach dem MitbestG 1976 erforderlich (§ 1 MitbestG).
Bei Zahlungsunfähigkeit und bei Überschuldung (§ 177a HGB i. V. m. § 130a HGB sowie § 15a InsO).	Bei Zahlungsunfähigkeit und bei Überschuldung (§ 15a InsO.). Bei Verlust von 50 % des Stammkapitals müssen Geschäftsführer außerordentliche Gesellschafterversammlung einberufen (§ 49 Abs. 3 GmbHG). Zu den Begriffen Zahlungsunfähigkeit, drohende Zahlungsunfähigkeit und Überschuldung siehe §§ 17 – 19 InsO.	Bei Zahlungsunfähigkeit und bei Überschuldung (§ 15a InsO). Bei Verlust von 50 % des Grundkapitals muss Vorstand außerordentliche Hauptversammlung einberufen (§ 92 Abs. 1 AktG). Zu den Begriffen Zahlungsunfähigkeit, drohende Zahlungsunfähigkeit und Überschuldung siehe §§ 17 – 19 InsO.	Bei Zahlungsunfähigkeit und bei Überschuldung (§ 283 Nr. 14 AktG in Verbindung mit § 15a InsO). Bei Verlust von 50 % des Grundkapitals muss Komplementär außerordentliche Hauptversammlung einberufen (§ 283 Nr. 6 AktG in Verbindung mit § 92 Abs. 1 AktG). Zu den Begriffen Zahlungsunfähigkeit, drohende Zahlungsunfähigkeit und Überschuldung siehe §§ 17 – 19 InsO.	Bei Zahlungsunfähigkeit. Bei Überschuldung, sofern für die Mitglieder keine Nachschusspflicht besteht. Wenn Nachschüsse bis zu einer bestimmten Haftsumme zu leisten sind, bei Überschuldung, sofern diese ein Viertel des Gesamtbetrages der Haftsumme aller Mitglieder übersteigt (§ 98 GenG).
Wie KG.	Auflösungsgründe sind gemäß § 60 GmbHG insbesondere: Zeitablauf, Gesellschafterbeschluss (3/4-Mehrheit), gerichtliches Urteil, Insolvenzeröffnung über Gesellschaftsvermögen. Die Auflösung ist – außer im Insolvenzfalle, in dem die Eintragung von Amts wegen erfolgt – zur Eintragung in das Handelsregister anzumelden und bekannt zu machen (§ 65 GmbHG). Liquidatoren sind in der Regel die Geschäftsführer (§ 66 GmbHG). Ihre Aufgaben ergeben sich insbesondere nach § 70 GmbHG. Sie haben bei der Vermögensverteilung das Sperrjahr zu beachten (§§ 72 und 73 GmbHG).	Auflösungsgründe sind gemäß § 262 AktG insbesondere: Zeitablauf, Beschluss der Hauptversammlung (3/4-Mehrheit), Insolvenzeröffnung über Gesellschaftsvermögen bzw. Beschluss über Ablehnung der Insolvenzeröffnung mangels Masse. Falls keine Insolvenzeröffnung vorliegt, erfolgt die Abwicklung nach den Grundsätzen der §§ 264 ff. AktG. Abwickler sind in der Regel die Vorstandsmitglieder (§ 265 Abs. 1 AktG).	Auflösungsgründe richten sich grundsätzlich nach den Vorschriften über die KG. Es sind jedoch einige Ausnahmen zu beachten (§ 289 AktG). Die Abwicklung wird in der Regel von den Komplementären und einer oder mehreren von der Hauptversammlung gewählten Personen durchgeführt (§ 290 AktG).	Auflösungsgründe sind: Beschluss der Generalversammlung gemäß §78 GenG (3/4-Mehrheit), Zeitablauf (§ 79 GenG), Beschluss des Registergerichts (§ 80 GenG), Entscheidung der Verwaltungsbehörde (§ 81 GenG), Insolvenz (§8 1a GenG). Die Liquidation erfolgt in der Regel durch den Vorstand (§8 3 GenG). Im Insolvenzfall ist evtl. Nachschusspflicht der Mitglieder zu beachten (§ 98 GenG).
Siehe KG.	Anteile sind grundsätzlich vererblich. Beschränkungen im Gesellschaftsvertrag möglich.	Anteile sind vererblich. Satzungsmäßige Beschränkungen durch vinkulierte Namensaktien möglich (§ 68 Abs. 2 AktG).	Für Kommanditaktionäre wie AG. Für persönlich haftenden Gesellschafter wie bei KG.	Mit dem Tod eines Genossen geht Mitgliedschaft auf den Erben über, endet aber mit dem Schluss des Geschäftsjahres, in dem Erbfall eingetreten ist. Andere Regelungen (Fortsetzung mit Erben) durch Statut möglich (§ 77 GenG).

* Die Ausführungen zur GmbH und Co. KG gelten für eine AG und Co. KG entsprechend.

** Die Ausführungen zur GmbH gelten für eine UG (haftungsbeschränkt) entsprechend.

III. Tabelle (2) der steuerlichen Wesensmerkmale der verschiedenen Gesellschaftsformen (Seite 52 bis 65)

Unternehmensformen / Wesensmerkmale	Offene Handelsgesellschaft – OHG	Kommanditgesellschaft KG	Stille Gesellschaft	Gesellschaft bürgerlichen Rechts BGB-Gesellschaft
1. Allgemeines zur Ertragsbesteuerung	Die OHG selbst ist nicht Steuersubjekt, sondern der einzelne Gesellschafter als natürliche Person ist unmittelbar mit seinem Gewinnanteil einkommensteuerpflichtig (§ 15 Abs. 1 Satz 1 Nr. 2 EStG). Den Vorgang der Gewinnermittlung für die Personengesellschaft und Zurechnung auf die einzelnexn Gesellschafter nennt man einheitliche und gesonderte Gewinnfeststellung (§ 180 Abs. 1 Nr. 2 Buchstabe a i. V. m. § 179 AO). Die Gesellschafter einer OHG gelten steuerlich in der Regel als Mitunternehmer. Zum Mitunternehmerbegriff vgl. BFH-Beschluss vom 25. 6. 1984. Veräußerungsgewinne bzw. Veräußerungsverluste sind bei den Mitunternehmern einkommensteuerlich zu berücksichtigen (§ 16 EStG). Für Veräußerungsgewinne kommen die Tarifermäßigungen des § 34 EStG in Betracht, nach Abs. 1 die sog. Fünftelregelung (rechnerische Verteilung auf 5 Jahre) oder nach Abs. 3 unter gewissen einschränkenden Bedingungen ein ermäßigter Steuersatz. Letzterer beträgt 56 % des durchschnittichen Steuersatzes. (§ 34 Abs. 3 EStG). Freibetrag für Veräußerungsgewinne nach § 16 Abs. 4 EStG ist zu beachten.	Komplementäre und Kommanditisten gelten in der Regel als Mitunternehmer. Die steuerliche Behandlung der KG entspricht der der OHG; es gelten auch die Vergünstigungen der §§ 16, 34 EStG. Bei Verlustanteilen von Kommanditisten ist § 15a EStG zu beachten.	Für die steuerliche Behandlung kommt es darauf an, ob es sich um eine typische stille Beteiligung mit einer gläubigerähnlichen Stellung ohne Beteiligung an den stillen Reserven handelt oder ob Mitunternehmerschaft (Beteiligung an stillen Reserven) und damit eine so genannte atypische stille Beteiligung vorliegt (in diesem Falle erfolgt die steuerliche Behandlung wie bei der OHG und KG). Die folgenden Ausführungen beziehen sich, soweit nichts anderes erwähnt, auf die typische Stille Gesellschaft.	Wenn ein gewerbliches Unternehmen betrieben wird, so ist für die steuerliche Behandlung der Gesellschaft bürgerlichen Rechts zu unterscheiden, ob es sich um eine typische BGB-Gesellschaft handelt, bei der Mitunternehmerschaft vorliegt (wie OHG und KG) oder ob eine der typischen Stillen Gesellschaft ähnliche, lediglich kapitalmäßige Beteiligung vorliegt (Einkünfte aus Kapitalvermögen). Ist der Gesellschaftszweck nicht der Betrieb eines gewerblichen Unternehmens, sondern z. B. bloße Vermögensverwaltung, so liegt kein Gewerbebetrieb vor. Die Gewerbesteuerpflicht entfällt. In diesem Falle auch keine Einkünfte aus Gewerbebetrieb der Gesellschafter. Veräußerungsgewinne bzw. -verluste sind bei Mitunternehmern grundsätzlich wie bei der OHG zu berücksichtigen. Zum Mitunternehmerbegriff vgl. BFH-Beschluss vom 25. 6. 1984.

GmbH u. Co. KG*	Gesellschaft mit beschränkter Haftung GmbH**	Aktiengesellschaft AG	Kommanditgesellschaft auf Aktien – KGaA	Eingetragene Genossenschaft eG
Die GmbH u. Co. gilt auch steuerlich als eine KG. Gewisse Besonderheiten aus dem Zusammenwirken der GmbH und der GmbH u. Co. sind jedoch zu beachten. Veräußerungsgewinne bzw. -verluste werden bei den Gesellschaftern einkommensteuerlich berücksichtigt (siehe Spalte OHG). Bei Verlusten von Kommanditisten ist § 15a EStG zu berücksichtigen.	Die GmbH ist juristische Person und selbstständiges Steuersubjekt. Die Besteuerung knüpft grundsätzlich an die Rechtsform an ohne Rücksicht auf die Art der Tätigkeit. Bei der GmbH als Kapitalgesellschaft ist das Problem zu lösen, wie die Doppelbesteuerung von Gewinnen vermieden werden kann, die dann entsteht, wenn ein Gewinn zunächst bei der Kapitalgesellschaft besteuert wird (in Form der Körperschaftsteuer) und dann ein zweites Mal beim Anteilseigner (in Form von Einkommensteuer auf Gewinnausschüttungen, die als Einkünfte aus Kapitalvermögen zu erfassen sind). Die Vermeidung oder Milderung dieser Doppelbesteuerung wurde in der Vergangenheit mehrmals geändert (siehe ausführlich S. 56/57). Ein weiteres Problemfeld stellen »Transaktionen« zwischen der Gesellschaft und ihrem Anteilseigner dar, die nur durch das Gesellschaftsverhältnis veranlasst sind und durch Vermögensminderungen oder Vermögensmehrungen das steuerliche Ergebnis verfälschen. Diese als verdeckte Gewinnausschüttungen oder verdeckte Einlagen bezeichneten Transaktionen sind zu korrigieren, weil das Leistungsverhältnis zwischen der Kapitalgesellschaft und dem Gesellschafter unausgeglichen ist. Anteilsveräußerungen: Bei Anteilen im Privatvermögen von weniger als 1 % unterliegen Anteilsveräußerungen beim Anteilseigner ab 2009 der Abgeltungsteuer (25 %), für Anteile von 1 % und mehr werden Veräußerungsgewinne und -verluste durch § 17 EStG erfasst (§ 20 Abs. 2 Satz 1 Nr. 1 i. V. m. Abs. 8 EStG). Für den Fall, dass die Anteile von einem Betrieb gehalten werden, kommt das Teileinkünfteverfahren zur Anwendung, wonach 40 % der Einnahmen steuerfrei sind (§ 3 Nr. 40 EStG). Für Veräußerung von 100 % des Nennkapitals einer im Betriebsvermögen gehaltenen Beteiligung gilt § 16 Abs. 1 Nr. 1 EStG.	Die AG ist juristische Person und selbstständiges Steuersubjekt. Die Besteuerung erfolgt wie bei der GmbH.	Die KGaA ist eine juristische Person. Sie weist Merkmale der AG und der KG auf. Das kommt auch in der steuerlichen Behandlung zum Ausdruck. Die Komplementäre werden wie die Gesellschafter der OHG behandelt. Im Übrigen erfolgt die Besteuerung der KGaA wie bei der AG. Ebenso werden die Kommanditaktionäre wie die Aktionäre der AG besteuert. Für die Veräußerung von Komplementäranteilen siehe Spalte OHG. Für die Veräußerung von Aktien siehe Spalte AG bzw. GmbH.	Die eingetragene Genossenschaft ist als juristische Person selbstständiges Steuersubjekt. Die Besteuerung erfolgt grundsätzlich wie bei der GmbH.

* Die Ausführungen zur GmbH und Co. KG gelten für eine AG und Co. KG entsprechend.
** Die Ausführungen zur GmbH gelten für eine UG (haftungsbeschränkt) entsprechend.

Steuerrechtliche Wesensmerkmale der verschiedenen Gesellschaftsformen

Unternehmensformen / Wesensmerkmale	Offene Handelsgesellschaft – OHG	Kommanditgesellschaft KG	Stille Gesellschaft	Gesellschaft bürgerlichen Rechts BGB-Gesellschaft
2. Körperschaftsteuer	OHG gilt nicht als Körperschaft, daher keine Körperschaftsteuerpflicht.	Entspricht der OHG.	Die Stille Gesellschaft als solche ist nicht körperschaftsteuerpflichtig. Für den Geschäftsinhaber ergibt sich dann Körperschaftssteuerpflicht, wenn es sich bei ihm um eine Körperschaft handelt.	Keine Körperschaftsteuerpflicht.

GmbH u. Co. KG*	Gesellschaft mit beschränkter Haftung GmbH**	Aktiengesellschaft AG	Kommanditgesellschaft auf Aktien – KGaA	Eingetragene Genossenschaft eG
	Die GmbH ist als solche gemäß § 1 KStG grundsätzlich körperschaftsteuerpflichtig. Falls Sitz oder Geschäftsleitung im Inland, besteht unbeschränkte Steuerpflicht. Seit 1. 1. 2008 gilt ein einheitlicher Steuersatz von 15 % unabhängig davon, ob Gewinne ausgeschüttet oder thesauriert werden. Es handelt sich um eine Definitivsteuer. Eine Anrechnung beim Anteilseigner erfolgt nicht mehr (zur Vermeidung bzw. Milderung der Doppelbesteuerung s. S. 56/57). Der Freibetrag von 5.000 € für bestimmte Körperschaften nach § 24 KStG ist zu beachten. Für die Gewinnermittlung sind die Vorschriften des EStG zu beachten (§ 8 KStG). Gesellschafter-Geschäftsführer gelten als Angestellte der Gesellschaft. Ihre Bezüge mindern den Gewinn und sind Einkünfte aus nicht selbstständiger Arbeit. Auch andere schuldrechtliche Verträge zwischen Gesellschaft und Gesellschafter mit steuerlicher Wirkung sind möglich. Es ist jedoch das Problem der verdeckten Gewinnausschüttung zu beachten. Organschaft ist zu beachten. § 10d EStG (Verlustrücktrag und Verlustvortrag) mit Einschränkungen anwendbar (§ 8 Abs. 1 i. V. m. §§ 8c und 8d KStG). Bei Kapitalgesellschaften bleiben bezogene Dividenden zu 95 % steuerfrei (§ 8b Abs. 1 und 5 KStG), sofern die Beteiligungsquote mindestens 10 % beträgt (Abs. 4). Die Einkommensbesteuerung erfolgt erst bei Ausschüttung an natürliche Personen.	Die AG unterliegt in gleicher Weise der Körperschaftsteuer wie die GmbH (§ 1 Abs. 1 Nr. 1 KStG). Die Ausführungen bezüglich der Steuerpflicht, des Steuersatzes und der Gewinnermittlung gelten entsprechend.	Die KGaA unterliegt gemäß § 1 KStG der Körperschaftsteuer. Die Ausführungen zur AG und GmbH gelten entsprechend. Bezüge und Gewinnanteile der persönlich haftenden Gesellschafter, die nicht auf das Grundkapital entfallen, unterliegen jedoch nicht der Körperschaftsteuer (§ 9 Nr. 1 KStG), sondern stellen für diese Gesellschafter Einkünfte aus Gewerbebetrieb dar (§ 15 Abs. 1 Nr. 3 EStG). § 10d EStG Verlustrücktrag und Verlustvortrag mit Einschränkungen anwendbar (§ 8 Abs. 1 und 5 i. V. m. §§ 8c und 8d KStG).	Die eingetragene Genossenschaft unterliegt als juristische Person der Körperschaftsteuer gemäß § 1 Abs. 1 Nr. 2 KStG. Die Ausführungen zur GmbH gelten entsprechend. Der allgemeine Steuersatz beträgt gemäß § 23 KStG 15 %. So genannte Warenrückvergütungen können bei der Gewinnermittlung abgesetzt werden (§ 22 KStG). Besonderer Freibetrag von 15.000 E für landwirtschaftliche Nutzungs- und Verwertungsgenossenschaften (§ 25 KStG). Steuerbefreiung bestimmter land- und forstwirtschaftlicher Erwerbs- und Wirtschaftsgenossenschaften (§ 5 Abs. 1 Nr. 14 KStG). § 10d EStG (Verlustrücktrag und Verlustvortrag) mit Einschränkungen anwendbar (§ 8 Abs. 1 i. V. m. §§ 8c und 8d KStG).

* Die Ausführungen zur GmbH und Co. KG gelten für eine AG und Co. KG entsprechend.
** Die Ausführungen zur GmbH gelten für eine UG (haftungsbeschränkt) entsprechend.

Unternehmensformen / Wesensmerkmale	Offene Handelsgesellschaft – OHG	Kommanditgesellschaft KG	Stille Gesellschaft	Gesellschaft bürgerlichen Rechts BGB-Gesellschaft
3. Milderung der Doppelbesteuerung bei Körperschaften (Anrechnungs-, Halbeinkünfte- und Teileinkünfteverfahren)	Die OHG ist keine Körperschaft und selbst nicht Steuersubjekt, sondern der einzelne Gesellschafter als natürliche Person ist unmittelbar mit seinem Gewinnanteil einkommensteuerpflichtig (§ 15 Abs. 1 Satz 1 Nr. 2 EStG). Das Problem einer etwaigen Doppelbesteuerung (bei Gesellschaft und Gesellschafter) stellt sich nicht.	Wie OHG.	Wie OHG.	Wie OHG.

GmbH u. Co. KG*	Gesellschaft mit beschränkter Haftung GmbH**	Aktiengesellschaft AG	Kommanditgesellschaft auf Aktien – KGaA	Eingetragene Genossenschaft eG
Für die GmbH u. Co. KG als Personengesellschaft gelten die Ausführungen zur OHG. Für die Komplementär-GmbH bzw. deren Gesellschafter gelten die Ausführungen zur GmbH.	**Anrechnungsverfahren:** Durch das 1977 eingeführte und bis 2000 anzuwendende Anrechnungsverfahren wurde erreicht, dass Gewinn, der an einen Anteilseigner ausgeschüttet wurde, im Ergebnis nur dem persönlichen Einkommensteuersatz jedes Anteilseigners unterlag, für den die Ausschüttungen Einkünfte aus Kapitalvermögen darstellten. **Teileinkünfteverfahren:** Ab 2009 unterliegen ausgeschüttete Dividenden (und Veräußerungsgewinne bei Beteiligung von weniger als 1 %) beim Anteilseigner einem einheitlichen Einkommensteuersatz von 25 % (§ 32d EStG), wenn er die Anteile im Privatvermögen hält. Diese Regelung zur Abgeltungssteuer ist Bestandteil der Unternehmensteuerreform 2008. Für Anteile im Privatvermögen von 1 % und mehr werden Veräußerungsgewinne und -verluste durch § 17 EStG erfasst. Für den Fall, dass die Anteile von einem Betrieb gehalten werden, kommt das Teileinkünfteverfahren zur Anwendung, wonach nur noch 40 % der Einnahmen steuerfrei sind (§ 3 Nr. 40 EStG). Für Veräußerung von 100 % des Nennkapitals einer im Betriebsvermögen gehaltenen Beteiligung gilt § 16 Abs. 1 Nr. 1 EStG.	Wie GmbH.	Für Kommanditaktionäre gelten die Ausführungen zur AG. Für Veräußerung des gesamten Anteils eines persönlich haftenden Gesellschafters einer KGaA gilt § 16 Abs. 1 Nr. 3 EStG.	Entsprechend GmbH.

* Die Ausführungen zur GmbH und Co. KG gelten für eine AG und Co. KG entsprechend.

** Die Ausführungen zur GmbH gelten für eine UG (haftungsbeschränkt) entsprechend.

Unternehmensformen / Wesensmerkmale	Offene Handelsgesellschaft – OHG	Kommanditgesellschaft KG	Stille Gesellschaft	Gesellschaft bürgerlichen Rechts BGB-Gesellschaft
4. Einkommensteuer	Der Gewinn wird einheitlich vom Betriebsfinanzamt festgestellt und den beteiligten Gesellschaftern gemäß Gesellschaftsvertrag zugerechnet. Die Gewinn- bzw. Verlustanteile der einzelnen Gesellschafter stellen bei diesen in der Regel Einkünfte aus Gewerbebetrieb dar. Die Versteuerung bei den einzelnen Gesellschaftern erfolgt im Jahre der Entstehung, vgl. aber § 34a EStG. Nicht auszugleichende Verlustanteile sind nach § 10d EStG bei der Veranlagung des Vorjahres (eingeschränkter Verlustrücktrag) bzw. in den folgenden Jahren (Verlustvortrag) wie Sonderausgaben abzusetzen. Gesellschafter-Tätigkeitsvergütungen, Zinsen für überlassene Darlehen und sonstige Bezüge der Gesellschafter gelten ebenfalls als Gewinnanteile. Sämtliche Bezüge der Gesellschafter sind daher in der Regel Einkünfte aus Gewerbebetrieb. Pauschalierte Gewerbesteuer (4-faches des Gewerbesteuermessbetrags) kann gem. § 35 EStG anteilig auf persönliche Einkommensteuer der Anteilseigner angerechnet werden. Anteilsveräußerungen siehe unter 1. Allgemeines.	Regelung wie bei der OHG. Gewinn- und Verlustanteile sowohl der Komplementäre als auch der Kommanditisten gelten in der Regel als Einkünfte aus Gewerbebetrieb. Anteilsveräußerungen siehe unter Nr. 1 „Allgemeines". Für den Ausgleich von Verlustanteilen der Kommanditisten mit anderen Einkunftsarten ist § 15a EStG zu beachten (Verlustberücksichtigung nur bis zur Höhe der Kommanditeinlage bzw. der Haftsumme, höhere Verlustanteile können nur mit späteren Gewinnanteilen verrechnet werden). Zum Begriff des Mitunternehmers siehe BFH-Beschluss vom 25. 6. 1984. Pauschalierte Gewerbesteuer (4-faches des Gewerbesteuermessbetrags) kann anteilig auf persönliche Einkommensteuer der Anteilseigner angerechnet werden.	Die Gewinnanteile sind von den einzelnen Gesellschaftern zu versteuern. Soweit es sich um natürliche Personen handelt, sind es beim Geschäftsinhaber in der Regel gewerbliche Einkünfte. Beim typisch stillen Gesellschafter sind es Einkünfte aus Kapitalvermögen, beim atypisch stillen Gesellschafter dagegen Einkünfte aus Gewerbebetrieb. Bei Verlusten, die zu einem negativen Kapitalkonto führen, ist § 15a EStG zu beachten (siehe KG).	In der Regel (wenn Mitunternehmerschaft vorliegt) haben die einzelnen Gesellschafter ihre Gewinnanteile als gewerbliche Einkünfte zu versteuern (Regelung wie bei der OHG und KG). Sofern es sich bei den Gesellschaftern um Körperschaften handelt, sind die Beteiligungsergebnisse bei der Körperschaftsteuer der einzelnen Körperschaften zu berücksichtigen. Falls keine Mitunternehmerschaft vorliegt, erfolgt die Behandlung wie beim typisch stillen Gesellschafter (Einkünfte aus Kapitalvermögen). Falls kein Gewerbe betrieben wird, siehe Ausführungen unter 1. Allgemeines. In diesem Falle keine gewerblichen Einkünfte, sondern entsprechend der Tätigkeit (z. B. aus Kapitalvermögen oder aus Vermietung und Verpachtung). Anteilsveräußerungen siehe unter Nr. 1 „Allgemeines". Zum Begriff des Mitunternehmers siehe BFH-Beschluss vom 25. 6. 1984. Anrechnung der Gewerbesteuer auf persönliche Einkommensteuer wie bei OHG.

GmbH u. Co. KG*	Gesellschaft mit beschränkter Haftung GmbH**	Aktiengesellschaft AG	Kommanditgesellschaft auf Aktien – KGaA	Eingetragene Genossenschaft eG
Der Gewinn der GmbH u. Co. wird einheitlich und für die beteiligten Gesellschafter anteilsmäßig festgestellt (entsprechend der Regelung bei der KG). Sofern die Kommanditisten natürliche Personen sind, unterliegt ihr Gewinnanteil der Einkommensteuer (Einkünfte aus Gewerbebetrieb, gewerblich geprägte Einkünfte gemäß § 15 Abs. 3 Nr. 2 EStG). Der Gewinnanteil der Komplementär-GmbH ist bei dieser körperschaftsteuerpflichtiges Einkommen. Anteilsveräußerungen siehe unter Nr. 1 „Allgemeines". Für den Ausgleich von Verlustanteilen der Kommanditisten mit anderen Einkunftsarten ist § 15a EStG zu beachten (Verlustberücksichtigung nur bis zur Höhe der Kommanditeinlage bzw. der Haftsumme, höhere Verlustanteile können nur mit späteren Gewinnanteilen verrechnet werden).	Die an die einzelnen Gesellschafter ausbezahlten Gewinnanteile unterliegen als Einkünfte aus Kapitalvermögen bei diesen, soweit es sich um natürliche Personen handelt und die Anteile im Privatvermögen gehalten werden (§ 20 Abs. 1 Nr. 1 und Abs. 9 EStG), der Einkommensteuer (seit 2009 Abgeltungssteuer von 25 % unter Abzug des Sparer-Pauschbetrags, kein Abzug tatsächlicher Werbungskosten mehr). Soweit die Anteile in einem Betriebsvermögen gehalten werden, stellen Gewinnanteile Einkünfte aus Gewerbebetrieb bzw Land- und Forstwirtschaft oder selbstständiger Arbeit dar und sind dort zu erfassen. Der einheitliche Steuersatz (Abgeltungsteuer) ist dann nicht anwendbar und angefallene Werbungskosten sind zu 60 % (§ 3c EStG) berücksichtigungsfähig; es gilt das Teileinkünfteverfahren für Dividenden (§ 3 Nr. 40 Satz 1 EStG; 40 % steuerfrei). Falls die Gesellschafter Kapitalgesellschaften sind, stellen Gewinnanteile Betriebseinnahmen dar, die zwar grundsätzlich den körperschaftsteuerlichen Gewinn erhöhen (Organschaft ist zu beachten), aber, um eine Steuerbelastung auf mehr als zwei Ebenen (Gesellschaft und Gesellschafter) zu verhindern, zu 95 % außer Ansatz bleiben, sofern die Beteiligungsquote mindestens 10 % beträgt (§ 8b Abs. 1, 4 und 5 KStG); die wirtschaftliche Leistungsfähigkeit wird ja nicht allein dadurch größer, dass die Gewinnausschüttung über mehrere Stufen erfolgt. Hierzu und zu Anteilsveräußerungen siehe 1. Allgemeines und 3. Milderung der Doppelbesteuerung bei Körperschaften (Anrechnungs-, Halbeinkünfte- und Teileinkünfteverfahren).	Regelung wie bei der GmbH.	Die Gewinnanteile der Komplementäre stellen, soweit sie nicht auf Anteile am Grundkapital entfallen, bei diesen Einkünfte aus Gewerbebetrieb dar (§ 15 Abs. 1 Nr. 3 EStG). Die an die Kommanditaktionäre ausgeschütteten Gewinnanteile stellen bei diesen Einkünfte aus Kapitalvermögen dar (§ 20 Abs. 1 Nr. 1 EStG). Für sie ist die Regelung wie bei der AG und der GmbH.	Die Gewinnanteile (Dividenden) der einzelnen Genossen stellen bei diesen Einkünfte aus Kapitalvermögen dar (§ 20 Abs. 1 Nr. 1 und Abs. 9 EStG) und unterliegen seit 2009 der Abgeltungsteuer von 25 % unter Abzug des Sparer-Pauschbetrags (kein Abzug tatsächlicher Werbungskosten mehr). Soweit die Geschäftsanteile in einem Betriebsvermögen gehalten werden, stellen Gewinnanteile Einkünfte aus Gewerbebetrieb bzw Land- und Forstwirtschaft oder selbstständiger Arbeit dar und sind dort zu erfassen. Der einheitliche Steuersatz (Abgeltungsteuer) ist dann nicht anwendbar und angefallene Werbungskosten sind zu 60 % (§ 3c EstG) berücksichtigungsfähig; es gilt das Teileinkünfteverfahren für Dividenden (§ 3 Nr. 40 Satz 1 EStG; 40 % steuerfrei).

* Die Ausführungen zur GmbH und Co. KG gelten für eine AG und Co. KG entsprechend.
** Die Ausführungen zur GmbH gelten für eine UG (haftungsbeschränkt) entsprechend.

Unternehmensformen / Wesensmerkmale	Offene Handelsgesellschaft – OHG	Kommanditgesellschaft KG	Stille Gesellschaft	Gesellschaft bürgerlichen Rechts BGB-Gesellschaft
5. Kapitalertragsteuer (Quellensteuer)	Kapitalertragsteuer ist nicht einzubehalten.	Regelung wie bei der OHG.	Vom Gewinnanteil des typischen stillen Gesellschafters ist Kapitalertragsteuer einzubehalten, anzumelden und abzuführen (§ 43 Abs. 1 Satz 1 Nr. 3 i. V. m. § 20 Abs. 1 Nr. 4 EStG). Die Abführung (25 % Abgeltungsteuer) hat abgeltende Wirkung (§ 43 Abs. 5 EStG), es sei denn, der Steuerpflichtige beantragt zu seinem Vorteil die besondere Besteuerung nach § 32d Abs. 4 oder 6 EStG. Beim atypischen stillen Gesellschafter Regelung wie bei KG. Er gilt als Mitunternehmer und hat gewerbliche Einkünfte, von denen keine Kapitalertragsteuer einzubehalten ist.	Kapitalertragsteuer ist nicht einzubehalten.
6. Gewerbesteuer Besteuerungsgrundlage seit 1. 1. 1998 nur noch der Gewerbeertrag, Gewerbekapitalsteuer seit 1. 1. 1998 weggefallen.	Gewerbesteuerpflicht besteht, wenn die Gesellschaft ein Gewerbe betreibt, was bei der OHG in der Regel der Fall ist (§ 15 Abs. 3 Nr. 1 EStG i. V. m. § 2 Abs. 1 GewStG). Ist die OHG teils gewerblich, teils nicht gewerblich tätig (z. B. Gewerbe verbunden mit Landwirtschaft), gilt die gesamte Tätigkeit als gewerblich für die Gewerbesteuer. Besteuerungsgrundlage ist der Gewerbeertrag. Für Personengesellschaften gilt bei der Festlegung des Messbetrages nach dem Gewerbeertrag ein Freibetrag von 24.500 Euro gemäß § 11 Abs. 1 GewStG im Gegensatz zu den Kapitalgesellschaften. Hält der Gesellschafter die Beteiligung im Betriebsvermögen, ist der Gewinnanteil bei Ermittlung seines Gewerbeertrages abzusetzen und ein Verlustanteil hinzuzurechnen (§ 8 Nr. 8 u. § 9 Nr. 2 GewStG). Anrechnung der Gewerbesteuer auf persönliche Einkommensteuer wie bei BGB-Gesellschaft. Durch das Unternehmensteuerreformgesetz ist ab 2008 im Zusammenhang mit der Herabsetzung der Steuermesszahl von 5 % auf 3,5 % die Abzugsfähigkeit der Gewerbesteuer als Betriebsausgabe entfallen (§ 4 Abs. 5b EStG).	Gleiche Regelung wie bei der OHG.	Als Gewerbebetrieb gilt nicht die Stille Gesellschaft, sondern das Unternehmen des Geschäftsinhabers. Bei der Ermittlung des Gewerbeertrages sind die Gewinnanteile des typisch stillen Gesellschafters wieder hinzuzurechnen (§ 8 Nr. 1c GewStG), wobei aus der Summe der Hinzurechnungen nach § 8 Nr. 1a – f GewStG ein Freibetrag von 200.000 € abzuziehen und nur der darüber hinausgehende Betrag mit 25 % als Hinzurechnung zu berücksichtigen ist. Bei einer atypisch stillen Gesellschaft Regelung wie bei OHG und KG, da der atypisch Stille Mitunternehmer ist. Anrechnung der Gewerbesteuer auf persönliche Einkommensteuer wie bei BGB-Gesellschaft. Keine Abzugsfähigkeit der Gewerbesteuer als Betriebsausgabe (§ 4 Abs. 5b EStG).	Gewerbesteuerpflicht bei gewerblicher Tätigkeit. Für Personengesellschaften gilt bei der Festlegung des Gewerbesteuermessbetrags ein Freibetrag von 24.500 €. Die Einkommensteuer wird um eine pauschale Anrechnung der Gewerbesteuer verringert (§ 35 EStG). Seit 2020 beträgt die Anrechnung das 4-fache des festgesetzten Gewerbesteuermessbetrags. Keine Abzugsfähigkeit der Gewerbesteuer als Betriebsausgabe (§ 4 Abs. 5b EStG).

GmbH u. Co. KG*	Gesellschaft mit beschränkter Haftung GmbH**	Aktiengesellschaft AG	Kommanditgesellschaft auf Aktien – KGaA	Eingetragene Genossenschaft eG
Es gilt die Regelung für die KG. Kapitalertragsteuer ist von der GmbH u. Co. nicht einzubehalten. Die Komplementär-GmbH hat bei Gewinnausschüttung an ihre Gesellschafter Kapitalertragsteuer einzubehalten und an das Finanzamt abzuführen.	Die Kapitalertragsteuer ist keine besondere Steuer, sondern nur eine besondere Erhebungsform der Einkommensteuer o. Körperschaftsteuer. Zweck des Kapitalertragsteuer-Abzugs ist es, durch eine Erhebung bereits an der Quelle die Steuer zu sichern. Von den Gewinnausschüttungen muss die GmbH Kapitalertragsteuer einbehalten, anmelden und an das Finanzamt abführen (§ 43 Abs. 1 Satz 1 Nr. 1 i. V. m. § 20 Abs. 1 Nr. 1 EStG). Die Abführung (25 % Abgeltungsteuer bzw. 24,51 % bei Kirchensteuerpflicht) hat abgeltende Wirkung (§ 43 Abs. 5 EStG), es sei denn, der Steuerpflichtige beantragt zu seinem Vorteil die besondere Besteuerung nach § 32d Abs. 4 oder 6 EStG.	Regelung wie bei der GmbH.	Die Gewinnausschüttungen an die Kommanditaktionäre unterliegen dem Kapitalertragsteuerabzug (§ 43 Abs. 1 Nr. 1 EStG). Regelung wie bei der AG und GmbH.	Die Gewinnanteile unterliegen dem Kapitalertragsteuerabzug (§ 43 Abs. 1 Nr. 1 EStG). Regelung wie bei der AG und GmbH.
Die GmbH u. Co. KG ist nach § 15 Abs. 1 Nr. 2 bzw. gilt nach § 15 Abs. 3 Nr. 2 EStG i. V. m. § 2 Abs. 1 Satz 2 GewStG als Gewerbebetrieb und ist daher gewerbesteuerpflichtig, ohne Rücksicht auf die Art der Tätigkeit, da Komplementär-GmbH ihr das Gepräge gibt. Die Komplementär-GmbH gilt kraft Rechtsform als Gewerbebetrieb. Anrechnung der Gewerbesteuer auf persönliche Einkommensteuer wie bei BGB-Gesellschaft. Keine Abzugsfähigkeit der Gewerbesteuer als Betriebsausgabe (§ 4 Abs. 5b EStG).	Die GmbH gilt als Gewerbebetrieb kraft Rechtsform. Es besteht daher Gewerbesteuerpflicht (§ 2 Abs. 2 GewStG). Besteuerungsgrundlage ist der Gewerbeertrag. Die Steuermesszahl beträgt einheitlich 3,5 % (vgl. § 11 Abs. 2 GewStG). Kein Freibetrag bei Gewerbeertrag, somit andere Regelung wie bei Einzelkaufleuten und Personengesellschaften. Keine Abzugsfähigkeit der Gewerbesteuer als Betriebsausgabe (§ 4 Abs. 5b EStG).	Die Regelung bei der AG ist gleich wie bei der GmbH (Gewerbebetrieb kraft Rechtsform, § 2 Abs. 2 GewStG).	Die KGaA gilt als Gewerbebetrieb kraft Rechtsform. Es besteht daher Gewerbesteuerpflicht (§ 2 Abs. 2 GewStG). Besteuerungsgrundlage ist der Gewerbeertrag. Die Steuermesszahl für den Gewerbeertrag beträgt einheitlich 3,5 % (§ 11 Abs. 2 GewStG). Kein Freibetrag bei Gewerbeertrag. Somit andere Regelung als bei Personengesellschaften.	Die eingetragene Genossenschaft gilt als Gewerbebetrieb kraft Rechtsform (§ 2 Abs. 2 GewStG). So genannte Warenrückvergütungen können bei der Gewinnermittlung abgesetzt werden. Sie sind dann im Gewerbeertrag nicht enthalten. Von der Gewerbesteuer sind landwirtschaftliche Nutzungs- und Verwertungsgenossenschaften gemäß § 3 Nr. 8 GewStG befreit.

* Die Ausführungen zur GmbH und Co. KG gelten für eine AG und Co. KG entsprechend.
** Die Ausführungen zur GmbH gelten für eine UG (haftungsbeschränkt) entsprechend.

Unternehmensformen / Wesensmerkmale	Offene Handelsgesellschaft – OHG	Kommanditgesellschaft KG	Stille Gesellschaft	Gesellschaft bürgerlichen Rechts BGB-Gesellschaft
7. Vermögensteuer Bis 31. 12. 1996, seit 1. 1. 1997 wird die Vermögensteuer wegen Verfassungswidrigkeit nicht mehr erhoben.	–	–	–	–
8. Umsatzsteuer/ Mehrwertsteuer	Die OHG als solche gilt als Unternehmer gemäß § 2 UStG und ist damit grds. steuerpflichtig.	Entsprechend der OHG.	Unternehmer im Sinne der Umsatzsteuer ist der Geschäftsinhaber. Die stille Gesellschaft (typische und atypische) ist als Innengesellschaft umsatzsteuerlich unbeachtlich.	Gesellschaft gilt bei entsprechender Tätigkeit als Unternehmer. Daher grds. Umsatzsteuerpflicht.
9. Grunderwerbsteuer	Bei Übernahme von Grundstücken in das bzw. Veräußerung aus dem Gesamthandsvermögen entsteht Grunderwerbsteuer. Ebenso, wenn ein Grundstück von der Gesamthand in das Alleineigentum eines Gesellschafters übergeht. Jedoch sind die Bestimmungen der §§ 5 und 6 GrEStG zu beachten (anteilige Befreiung). Einheitlicher Steuersatz seit 1. 1. 1998 3,5 % (§ 11 GrEStG). Seit dem 1. 9. 2006 dürfen die Bundesländer den Steuersatz für die Grunderwerbsteuer – abweichend von § 11 Abs. 1 GrEStG – eigenständig festlegen (Art. 105 Abs. 2a Satz 2 GG). Fast alle Bundesländer haben von dieser Möglichkeit Gebrauch gemacht (derzeitiger Höchstsatz 6,5 %), in BdW 5 %).	Entsprechend der OHG.	Bei typisch Stiller Gesellschaft besteht kein Gesellschaftsvermögen. Grunderwerbsteuerpflicht nur bei Grundstückserwerb bzw. -Veräußerung des Geschäftsinhabers.	Für die Grunderwerbsteuer bei Übernahme von Grundstücken in das Gesamthandsvermögen gilt Entsprechendes wie bei der OHG und KG. Ebenso bei Veräußerung von Grundstücken.

GmbH u. Co. KG*	Gesellschaft mit beschränkter Haftung GmbH**	Aktiengesellschaft AG	Kommanditgesellschaft auf Aktien – KGaA	Eingetragene Genossenschaft eG
–	–	–	–	–
Die GmbH u. Co. gilt als Unternehmer i. S. der Umsatzsteuer. Für Umsätze zwischen GmbH und GmbH u. Co. KG ist die Frage eines organschaftsähnlichen Verhältnisses zu prüfen.	Grundsätzlich besteht Unternehmereigenschaft der GmbH. Die Umsatzsteuerpflicht entfällt, wenn es sich um Umsätze mit Organgesellschaften handelt (§ 2 Abs. 2 Nr. 2 UStG).	Entsprechend der GmbH.	Die KGaA gilt als Unternehmer i. S. des Umsatzsteuerrechts (wie AG).	Die eingetragene Genossenschaft gilt als Unternehmer i. S. des Umsatzsteuerrechts.
Soweit Grundstücke in das Gesamthandsvermögen der KG übernommen bzw. aus dem Gesamthandsvermögen veräußert werden, entsteht Grunderwerbsteuerpflicht. (Regelung wie OHG und KG).	Der Grundstückserwerb durch die GmbH unterliegt der Grunderwerbsteuer. Grunderwerbsteuerpflicht entsteht auch bei der Anteilsvereinigung von mindestens 95 % in einer Hand (§ 1 Abs. 3 GrEStG), wenn die GmbH Grundvermögen hat. Anteilsvereinigung wird auch angenommen, wenn die Anteile von verschiedenen Gesellschaften innerhalb eines Konzerns gehalten werden, die durch umsatzsteuerliche Organschaft verbunden sind (§ 1 Abs. 3 Nr. 1 GrEStG). Steuersatz seit 1. 1. 1998 3,5 % bzw. länderspezifisch (s. OHG).	Entsprechend der GmbH. Grunderwerbsteuer sowohl bei Erwerb und Veräußerung als auch bei Anteilsvereinigung (95 % in einer Hand gemäß § 1 Abs. 3 GrEStG).	Die Übernahme von Grundstücken in das Vermögen der KGaA unterliegt der Grunderwerbsteuer. Regelungen wie bei AG und GmbH.	Die Übernahme von Grundstücken in das Vermögen der eingetragenen Genossenschaft unterliegt der Grunderwerbsteuer. Steuersatz 3,5 % bzw. länderspezifisch (s. OHG).

* Die Ausführungen zur GmbH und Co. KG gelten für eine AG und Co. KG entsprechend.

** Die Ausführungen zur GmbH gelten für eine UG (haftungsbeschränkt) entsprechend.

Unternehmensformen / Wesensmerkmale	Offene Handelsgesellschaft – OHG	Kommanditgesellschaft KG	Stille Gesellschaft	Gesellschaft bürgerlichen Rechts BGB-Gesellschaft
10. Erbschaftsteuer / Schenkungsteuer	Grundlage für die ErbSt bzw. Schenkungsteuer bei vorweggenommener Erbfolge bildet seit 1. 1. 2009 aufgrund des Erbschaftsteuerreformgesetzes der gemeine Wert (d. h. Verkehrswert). Lässt dieser sich nicht aus Verkäufen unter fremden Dritten ableiten, so ist er unter Berücksichtigung der Ertragsaussichten des Unternehmens oder einer anderen anerkannten, auch im gewöhnlichen Geschäftsverkehr für nichtsteuerliche Zwecke üblichen Methode zu ermitteln. Betriebsvermögen, land- und forstwirtschaftliches Vermögen und Anteile an Kapitalgesellschaften von mehr als 25 % bleiben, soweit begünstigt (s. § 13b Abs. 2 ErbStG), zu 85 % (§ 13a Abs. 1 ErbStG) bzw. 100 % (§ 13a Abs. 10 ErbStG) von der Besteuerung ausgenommen (Verschonungsabschlag), unter der Voraussetzung, dass die Unternehmensnachfolge nachhaltig ist (5 bzw. 7 Jahre) und sichergestellt wird, dass die Arbeitsplätze erhalten werden (§ 13a Abs. 3, Abs. 10 ErbStG). D. h., wer 5 Jahre nach dem Erbschaftsteuerfall in seinem Unternehmen über die Jahre eine Lohnquote von über 400 % erfüllt – dabei ist der Durchschnittswert der 5 Jahre vor dem Erbschaftsteuerfall relevant (§ 13a Abs. 3 ErbStG) –, der ist mit seinem begünstigten Vermögen zu 85 % von der Erbschaftsteuer befreit; wer über 7 Jahre eine Lohnquote von insgesamt 700 % erreicht, dem wird die Erbschaftsteuer komplett erlassen. Für Kleinstbetriebe gibt es bezüglich der Lohnsummenregelung Erleichterungen (§ 13a Abs. 3 ErbStG). Darüber hinaus gibt es für Kleinfälle einen gleitenden Abzugsbetrag von 150.000 € (§ 13a Abs. 2 ErbStG). Beim Erwerb begünstigten Vermögens > 26 Mio. € (Großerwerb) wird der Verschonungsabschlag um einen Prozentpunkt für jede 750.000 €, die den Wert des begünstigten Vermögens übersteigt (§ 13c ErbStG), verringert, vgl. aber Verschonungsbedarfsprüfung gem. § 28a ErbStG. Aufteilung auf Erben bzw. Beschenkte bestimmt grundsätzlich der Erblasser bzw. Schenker.	Entsprechend der OHG.	Für Geschäftsinhaber und atypischen stillen Gesellschafter wie OHG. Für typischen stillen Gesellschafter keine Verschonungsabschläge und kein gleitender Abzugsbetrag nach § 13a ErbStG. Bemessungsgrundlage gemeiner Wert.	Soweit Betriebsvermögen wie OHG, soweit sonstiges Vermögen gemeiner Wert, dann keine Verschonungsabschläge und kein gleitender Abzugsbetrag nach § 13a ErbStG.

GmbH u. Co. KG*	Gesellschaft mit beschränkter Haftung GmbH**	Aktiengesellschaft AG	Kommanditgesellschaft auf Aktien – KGaA	Eingetragene Genossenschaft eG
Grundsätzlich Behandlung wie bei KG. Für Anteile an Komplementär-GmbH siehe GmbH.	Bemessungsgrundlage gemeiner Wert der GmbH-Anteile gemäß Anteilsbewertung (zeitnahe Verkäufe bzw. Ertragswertverfahren oder für nichtsteuerliche Zwecke übliche Methode). Verschonungsregeln nach § 13a ErbStG wie OHG für Anteile von mehr als 25 %. Für Anteile von 25 % oder weniger (§ 13b Abs. 1 Nr. 3 ErbStG) keine Verschonungsabschläge und kein gleitender Abzugsbetrag nach § 13a ErbStG. Bemessungsgrundlage gemeiner Wert.	Bemessungsgrundlage gemeiner Wert der Aktien (Börsenkurs bzw. Anteilsbewertung wie bei GmbH). Anwendung von § 13a ErbStG wie bei GmbH (Anteile von mehr als 25 %).	Für Anteil des Komplementärs siehe OHG. Für Aktien der Kommanditaktionäre siehe AG.	Genossenschaftsanteile sind mit dem gemeinen Wert anzusetzen. Kein Verschonungsabschlag für Betriebsvermögen nach § 13a ErbStG.

* Die Ausführungen zur GmbH und Co. KG gelten für eine AG und Co. KG entsprechend.
** Die Ausführungen zur GmbH gelten für eine UG (haftungsbeschränkt) entsprechend.

IV. Überblick über die verschiedenen Unternehmensformen

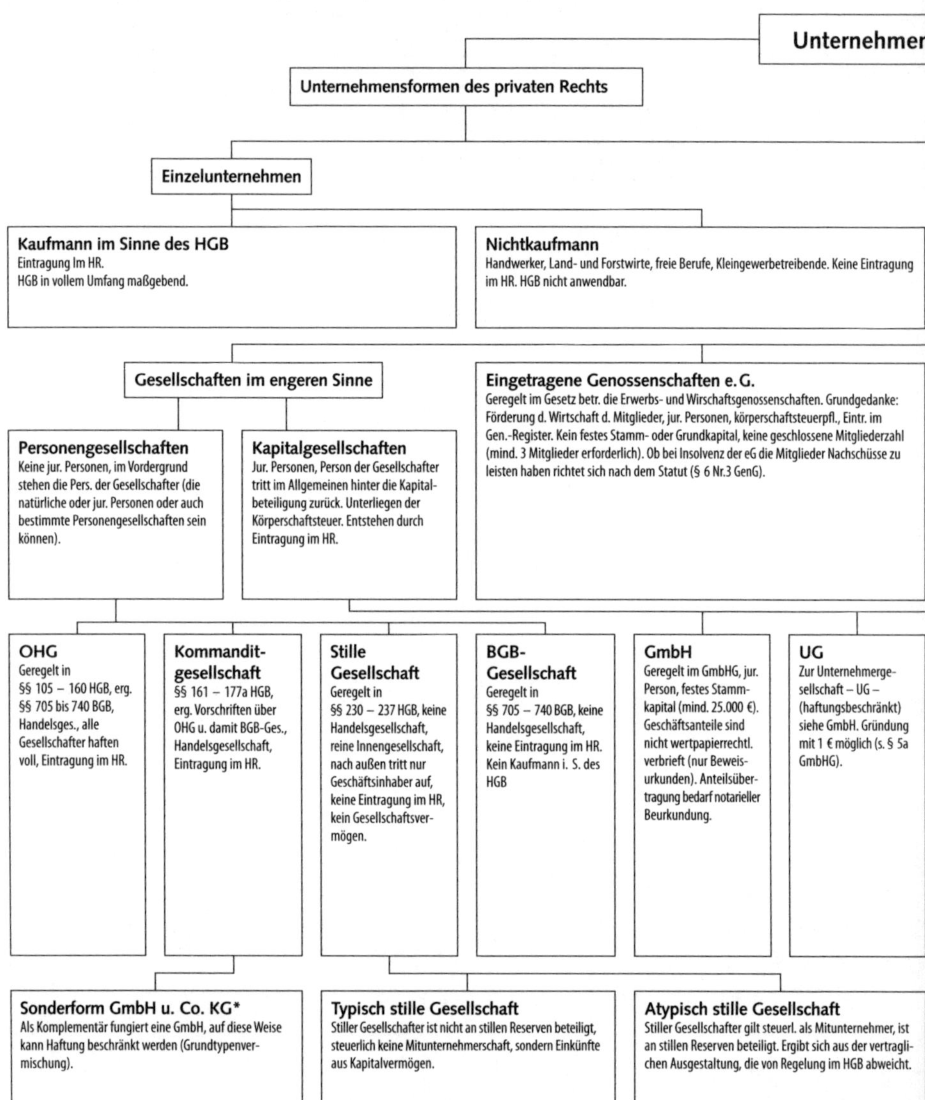

* Entsprechend könnte auch eine AG u. Co. KG bzw. eine UG und Co. KG gestaltet werden.

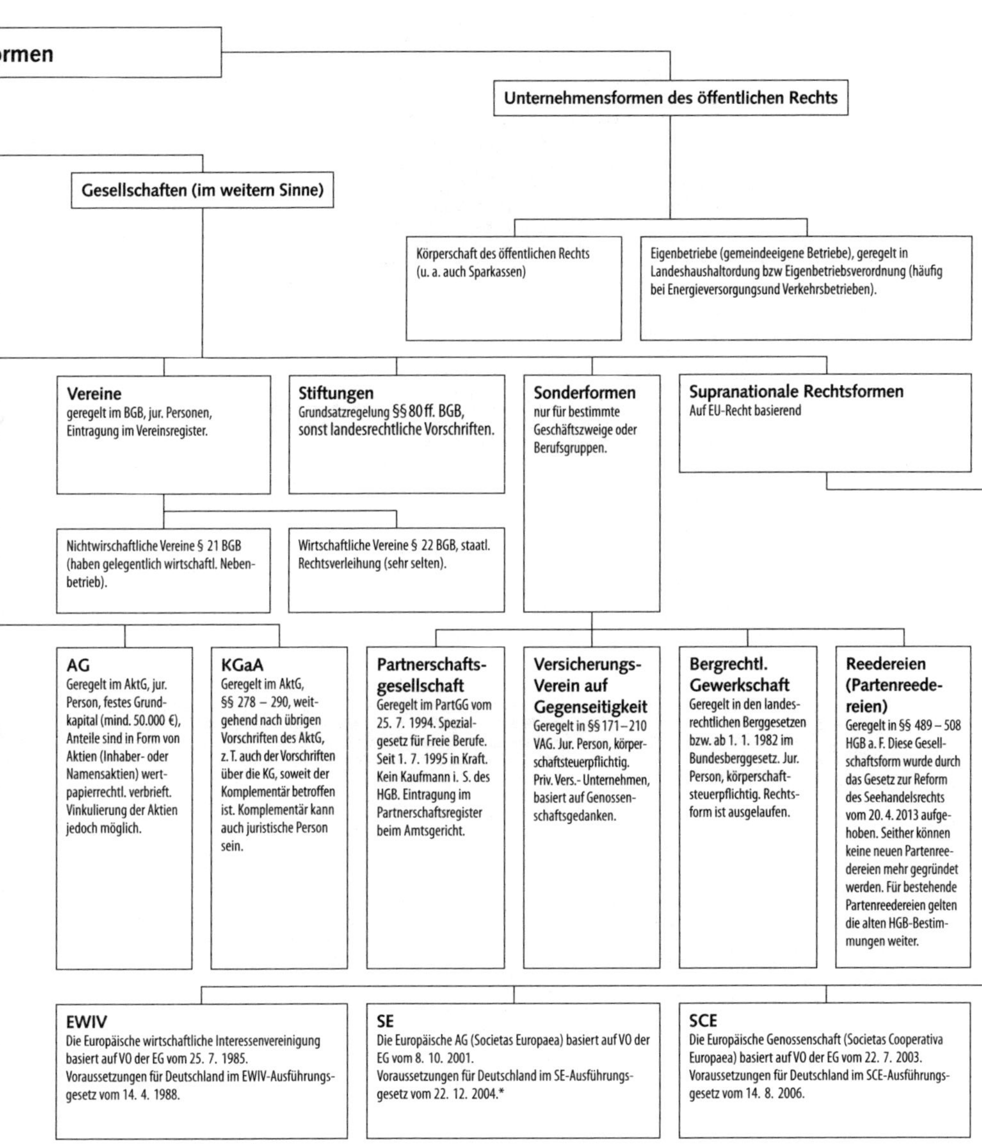

* Festes Grundkapital (mind. 120.000 €).

V. Vergleich der Ertragsteuerbelastung bei den verschiedenen Unternehmensformen

	Kapitalgesellschaften (GmbH, UG, AG, SE, KGaA mit Ausnahme des Komplementärs) Genossenschaften und sonstige Körperschaften	Personengesellschaften Mitunternehmerschaft (OHG, KG einschl. GmbH u. Co. KG), atypisch Stille Gesellschaft, BGB-Gesellschaft	Stille Gesellschafter	Einzelunternehmer
Gesellschafts- bzw. Unternehmensebene	Gewerbesteuer (seit 2008 nicht mehr abzugsfähig); Körperschaftsteuer (nicht abzugsfähig). Die Gesellschaft hat von Gewinnausschüttungen an Gesellschafter Kapitalertragsteuer einzubehalten und an das FA abzuführen (25 % Abgeltungsteuer). Seit 2008 gilt ein einheitlicher Körperschaftsteuersatz von 15 %, unabhängig davon, ob Gewinne ausgeschüttet oder thesauriert werden. Es handelt sich um eine Definitivsteuer. Eine Anrechnung bei der Einkommensteuer der Gesellschafter erfolgt nicht mehr. Der Unternehmensteuersatz, bestehend aus Körperschaft-, Gewerbesteuer (bei Hebesatz 400) und Solidaritätszuschlag, beträgt 29,825 %.	Gewerbesteuer bei gewerblicher Tätigkeit (seit 2008 nicht mehr abzugsfähig). Bei nur teilweise gewerblicher Tätigkeit gilt gesamte Tätigkeit als gewerblich. Keine Aufteilung zwischen gewerblicher und nichtgewerblicher Tätigkeit. GmbH & Co. KG gewerbesteuerpflichtig ohne Rücksicht auf die Art der Tätigkeit (§ 15 Abs. 3 EStG). Keine Körperschaftsteuer auf Gesellschaftsebene.	Gewerbesteuer bei gewerblicher Tätigkeit (seit 2008 nicht mehr abzugsfähig). Gewinnanteile des typisch stillen Gesellschafters, der am Gewinn oder Verlust, nicht aber an den stillen Reserven beteiligt ist, mindern den gewerblichen Gewinn des Unternehmens und werden deshalb nach § 8 Nr. 1 Buchst. c GewStG hinzugerechnet. Gewinnanteile des atypisch stillen Gesellschafters, der als Mitunternehmer anzusehen ist, werden nicht hinzugerechnet, da sie den Gewinn des Unternehmens nicht mindern.	
Gesellschafter- bzw. Privatebene	Gesellschafter (Aktionäre) zahlen auf Ausschüttungen Einkommensteuer (Einkünfte aus Kapitalvermögen) bzw. Körperschaftsteuer. Ab 2009 (Unternehmensteuerreform 2008) unterliegen ausgeschüttete Dividenden beim Anteilseigner einem einheitlichen Einkommensteuersatz von 25 % (Abgeltungsteuer, § 32d EStG), wenn er die Anteile im Privatvermögen hält, als Werbungskosten nur Abzug des Sparer-Pauschbetrags (§ 20 Abs. 9 EStG). Für den Fall, dass die Anteile von einem Betrieb gehalten werden, kommt das Teileinkünfteverfahren zur Anwendung, wonach 40 % der Einnahmen steuerfrei sind (§ 3 Nr. 40 EStG). Angefallene Werbungskosten sind zu 60 % abzugsfähig (§ 3c EStG). Zur Milderung der Doppelbesteuerung bei Körperschaften siehe S. 56/57.	Gesellschafter haben bei gewerblicher Tätigkeit für ihre persönliche Einkommensteuer Einkünfte aus Gewerbebetrieb anzusetzen, ohne Rücksicht darauf, ob die Gewinne ausgeschüttet werden oder nicht (vgl. aber § 34a EStG). Sofern keine gewerbliche Tätigkeit vorliegt (freie Berufe, Vermietung oder Verpachtung, reine Vermögensverwaltung) gilt entsprechende Einkunftsart. Die Einkommensteuer wird um eine pauschale Anrechnung der Gewerbesteuer verringert (§ 35 EStG). Ab 2020 beträgt die Anrechnung das 4fache des festgesetzten Gewerbesteuermessbetrags. Eine Vollentlastung wird ab 2020 bei einem Hebesatz von bis max. 400 % erreicht.	Geschäftsinhaber hat Einkünfte aus Gewerbebetrieb. Typisch stiller Gesellschafter hat Einkünfte aus Kapitalvermögen, atypisch stiller Gesellschafter hat als Mitunternehmer Einkünfte aus Gewerbebetrieb. Die Einkommensteuer wird um eine pauschale Anrechnung der Gewerbesteuer verringert (§ 35 EStG). Ab 2020 beträgt die Anrechnung das 4fache des festgesetzten Gewerbesteuermessbetrags.	Soweit gewerbliche Tätigkeit vorliegt, Gewerbesteuer (seit 2008 nicht mehr abzugsfähig), Einkünfte aus Gewerbebetrieb für die Einkommensteuer. Sofern keine gewerbliche Tätigkeit vorliegt (freie Berufe, Vermietung oder Verpachtung, reine Vermögensverwaltung, Land- und Forstwirtschaft), gilt entsprechende Einkunftsart. Die Einkommensteuer wird um eine pauschale Anrechnung der Gewerbesteuer verringert (§ 35 EStG). Ab 2020 beträgt die Anrechnung das 4fache des festgesetzten Gewerbesteuermessbetrags.

VI. Überblick über Mehrheits- und Formerfordernisse für gesellschaftsrechtliche Beschlüsse und Tatbestände

1. Hauptversammlungsbeschlüsse einer AG

a) Formale Erfordernisse

Für alle Hauptversammlungsbeschlüsse einer AG und einer KGaA, die gesetzlich eine qualifizierte Mehrheit erfordern, ist notarielle Beurkundung erforderlich (§ 130 AktG). Einfache Beschlüsse bedürfen der Schriftform. Das entsprechende Protokoll ist vom Aufsichtsratsvorsitzenden zu unterzeichnen.
Bei börsennotierten Gesellschaften sind alle Hauptversammlungsbeschlüsse notariell zu beurkunden und auf ihrer Internetseite zu veröffentlichen (§ 130 Abs. 6 AktG).

b) Mehrheitserfordernisse

Einfache Mehrheit der abgegebenen Stimmen ist ausreichend, sofern nicht Gesetz oder Satzung eine größere Mehrheit oder weitere Erfordernisse verlangen (§ 133 AktG). Durch Satzung können jedoch zwingende gesetzliche Mehrheitserfordernisse nicht unterlaufen, sondern nur verschärft werden. Für Wahlen kann die Satzung andere Bestimmungen treffen.

Einfache Mehrheit

Nach Gesetz sind insbesondere folgende Hauptversammlungsbeschlüsse mit einfacher Mehrheit vorgesehen:

- Bestellung der Aufsichtsratsmitglieder der Kapitalseite (nicht der Arbeitnehmervertreter), soweit kein Entsendungsrecht besteht (§ 119 Abs. 1 Nr. 1 AktG)
- Verwendung des Bilanzgewinns (§ 119 Abs. 1 Nr. 2 AktG)
- Entlastung der Mitglieder des Vorstands und des Aufsichtsrates (auch der Arbeitnehmervertreter) (§ 119 Abs. 1 Nr. 3 AktG)
- Bestellung des Abschlussprüfers (§ 318 HGB)
- vereinfachte Kapitalherabsetzung durch Einziehung von Aktien gemäß § 237 Abs. 4 AktG
- die Bestellung von Sonderprüfern (§ 142 Abs. 1 AktG)

- die Geltendmachung von Ersatzansprüchen der Gesellschaft bei Gründung gegenüber den beteiligten Personen nach §§ 46, 48 und 53 AktG, gegenüber Mitgliedern des Vorstandes und des Aufsichtsrates, resultierend aus der Geschäftsführung, oder aus § 117 AktG (s. § 147 Abs. 1 AktG).
- Ausreichend ist auch, wenn Ersatzansprüche von einer Minderheit verlangt werden, deren Anteile zusammen den zehnten Teil des Grundkapitals erreichen (§ 147 Abs. 2 AktG).

Qualifizierte Mehrheit

Eine qualifizierte Mehrheit von 3⁄4 des vertretenen Grundkapitals ist erforderlich für die

- Kapitalerhöhung gegen Einlagen (§ 182 Abs. 1 AktG)
- bedingte Kapitalerhöhung (§ 193 Abs. 1 AktG)
- Ausgabe von Wandelschuldverschreibungen und Gewinnschuldverschreibungen (§ 221 Abs. 1 AktG)
- ordentliche Kapitalherabsetzung (§ 222 Abs. 1 AktG)
- Auflösung der Gesellschaft (§ 262 Abs. 1 Nr. 2 AktG)
- Fortsetzung einer aufgelösten Gesellschaft (§ 274 Abs. 1 AktG)
- Abberufung von Aufsichtsratsmitgliedern (§ 103 Abs. 1 AktG)
- Eingliederung (§§ 319 und 320 AktG)
- Verschmelzung (§ 293 AktG)
- satzungsändernden Beschlüsse (§ 179 Abs. 2 AktG)
- Die Satzung kann eine andere Mehrheit vorsehen. Bei einer Änderung des Unternehmensgegenstandes jedoch nur eine größere. Soweit Änderungen nur die Fassung betreffen, kann die Änderung dem Aufsichtsrat übertragen werden (§ 179 Abs. 1 AktG)
- für den Ausschluss von Bezugsrechten (§ 186 Abs. 3 AktG).

Minderheitsrechte

Eine Minderheit von mindestens 10 % des Grundkapitals oder mit einem Anteil von 1 Mio € kann gemäß § 120 Abs. 1 AktG Einzelentlastung von Vorstands- und Aufsichtsratsmitgliedern verlangen.
Eine Minderheit von mindestens 5 % des Grundkapitals oder mit einem Anteil von 500.000 € kann gemäß § 122 AktG verlangen

- die Einberufung der Hauptversammlung
- dass Gegenstände zur Beschlussfassung bekannt gemacht werden
- die Ausschüttung einer Mindestdividende unter gewissen Voraussetzungen (§ 254 AktG).

Eine Minderheit von mindestens 1 % des Grundkapitals (oder mit einem Anteil von 100.000 €) kann gemäß § 258 AktG eine Sonderprüfung wegen unzulässiger Unterbewertung beantragen.
Jeder Aktionär, ohne Rücksicht auf seine Beteiligungsquote, hat in der Hauptversammlung Auskunftsrecht gemäß § 131 AktG.

2. Mitteilungspflichten (§§ 20 – 22 AktG)

Mitteilung an Beteiligungsgesellschaft erforderlich bei
- Erwerb oder Aufgabe einer Schachtelbeteiligung von mehr als 1⁄4 der Aktien
- Erwerb oder Aufgabe einer Mehrheit (Mehrheit der Anteile oder der Stimmrechte gemäß § 16 Abs. 1 AktG).

3. Gesellschafterbeschlüsse bei der GmbH

a) Formale Erfordernisse

Für Beschlussfassungen der Gesellschafterversammlung ist grundsätzlich keine besondere Form vorgeschrieben. Schriftform ist jedoch üblich.
Notarielle Form ist allerdings dann erforderlich, wenn es sich um Beschlüsse handelt, durch die sich eine Änderung des Gesellschaftsvertrages ergibt (§ 53 GmbHG).

b) Mehrheitserfordernisse

Grundsätzlich ist die einfache Mehrheit der abgegebenen Stimmen ausreichend, sofern nicht Gesetz oder Gesellschaftsvertrag eine andere Mehrheit vorsehen.

Einfache Mehrheit

Gesellschafterbeschlüsse mit einfacher Mehrheit (§ 47 GmbHG) sind vom GmbH-Gesetz insbesondere vorgesehen bei
- Feststellung des Jahresabschlusses und Verwendung des Ergebnisses (§ 46 Nr. 1 GmbHG)

- Entlastung der Geschäftsführer (§ 46 Nr. 5 GmbHG, Gesellschaftergeschäftsführer haben bei ihrer eigenen Entlastung kein Stimmrecht)
- Wahl des Abschlussprüfers (§ 318 HGB), Gesellschaftsvertrag kann andere Bestimmung treffen, z. B. Wahl durch Beirat
- Bestellung und Abberufung von Geschäftsführern (§ 46 Nr. 5 GmbHG). Gesellschaftergeschäftsführer sind in eigener Angelegenheit stimmberechtigt, soweit es sich nicht um ihre Entlastung oder um eine Abberufung aus wichtigem Grund handelt (§ 47 Abs. 4 GmbHG).

Qualifizierte Mehrheit

Eine qualifizierte Mehrheit von mindestens 3/4 der abgegebenen Stimmen ist gesetzlich erforderlich bei
- Änderungen des Gesellschaftsvertrages (§ 53 Abs. 2 GmbHG)
- Auflösung der Gesellschaft (§ 60 Abs. 1 Nr. 2 GmbHG).

Durch Gesellschaftsvertrag können eine größere Mehrheit sowie noch andere Erfordernisse verlangt werden.

Einstimmige Beschlüsse

Eine Vermehrung der den Gesellschaftern nach dem Gesellschaftsvertrag obliegenden Leistungen kann nur mit Zustimmung sämtlicher beteiligter Gesellschafter beschlossen werden (§ 53 Abs. 3 GmbH-Gesetz).

Minderheitsrechte

Eine Minderheit von mindestens 10 % des Stammkapitals kann verlangen
- die Einberufung einer Gesellschafterversammlung (§ 50 Abs. 1 GmbHG)
- dass bestimmte Gegenstände zur Beschlussfassung angekündigt (auf die Tagesordnung gesetzt) werden (§ 50 Abs. 2 GmbHG)
- die Erhebung einer Auflösungsklage gegen die Gesellschaft (§ 61 Abs. 2 GmbHG)
- die Bestellung von Liquidatoren durch das Gericht aus wichtigem Grund (§ 66 Abs. 2 GmbHG)

Für die Versteigerung eines Geschäftsanteils gilt § 23 GmbHG. Soll von einer öffentlichen Versteigerung abgesehen werden und eine andere Art der Verwertung erfolgen, ist die Zustimmung des ausgeschlossenen Gesellschafters erforderlich.
Auskunfts- und Einsichtsrecht nach § 51a GmbHG für jeden Gesellschafter unabhängig von seiner Beteiligungsquote.

4. Bilanzausweis bei Kapitalgesellschaften gem. HGB

- Als Beteiligung an Kapitalgesellschaften gilt im Zweifel ein Anteil von mehr als 20 % des Nennkapitals (§ 271 Abs. 1 HGB).
- Ein verbundenes Unternehmen (§ 271 Abs. 2 HGB) liegt vor, wenn die Voraussetzungen von § 290 HGB bestehen, d. h., in der Regel muss eine Mehrheit der Stimmrechte (§ 290 Abs. 2 HGB) gegeben sein.

5. Einbeziehung in Konzernabschluss gemäß § 290 HGB

- Beherrschender Einfluss eines Beteiligungsunternehmens erfordert in der Regel Mehrheit der Stimmrechte.

6. Steuerlich relevante Mehrheiten

a) Körperschaftsteuer

Finanzielle Eingliederung bei Organschaft: Mehrheit der Stimmrechte bei Organträger (§ 14 Nr. 1 KStG).

b) Gewerbesteuer

Schachtelprivileg (§ 9 Nr. 2a GewStG): mindestens 15 % des Grund- oder Stammkapitals.

c) Einkommensteuer (Erfassung von Veräußerungsgewinnen)

Veräußerung von Anteilen an Kapitalgesellschaften (§ 17 EStG): Steuerpflicht bei unmittelbarer oder mittelbarer Beteiligung während der letzten 5 Jahre von 1 % oder mehr.

d) Grunderwerbsteuer

Anteilsvereinigung § 1 Abs. 3 GrEStG: Mehr als 95 % der Anteile in der Hand eines Gesellschafters oder eines Organverbundes.

e) Betriebsaufspaltung (personelle Verflechtung)

Personelle Verflechtungen bei Betriebsaufspaltung, wenn einheitlicher geschäftlicher Betätigungswille, d. h. in der Regel Mehrheit der Stimmrechte bei beiden Gesellschaften besteht oder Beherrschung durch andere Fakten.

f) Erbschaftsteuer (§ 13a ErbStG)

Wesentliche Beteiligung bei Kapitalgesellschaften für Anwendung von § 13a ErbStG mehr als 25 % (§ 13b Abs. 1 Nr. 3 ErbStG).

VII. Partnerschaftsgesellschaft und Partnerschaftsgesellschaft mit beschränkter Berufshaftung als Sonderformen für Freie Berufe

1. Partnerschaftsgesellschaft (PartG)

Rechtsgrundlage

Seit dem 1. 7. 1995 besteht für alle Freien Berufe die Möglichkeit der gemeinsamen Berufsausübung durch Gründung einer so genannten Partnerschaftsgesellschaft (PartG).

Grundlage bildet das Partnerschaftsgesellschaftsgesetz (PartGG) vom 25. 7. 1994 (BGBl. I S. 1744).

Wesen und Rechtsnatur

Diese Rechtsform, die speziell für Freie Berufe geschaffen wurde, ist keine Handelsgesellschaft. Sie unterliegt grundsätzlich nicht dem HGB, ist nicht Kaufmann und hat keine Firma. Die Namensbezeichnung der PartG hat jedoch firmenähnlichen Charakter (§ 2 Abs. 2 PartGG). Der Name der Partnerschaft muss den Namen mindestens eines Partners, den Zusatz „und Partner" oder „Partnerschaft" sowie die Berufsbezeichnungen aller in der Partnerschaft vertretenen Berufe enthalten (§ 2 Abs. 1 PartGG). Der Name eines ausgeschiedenen Partners kann bei seiner bzw. seiner Erben Zustimmung in der Namensbezeichnung der PartG fortgeführt werden.

Die Partnerschaftsgesellschaft beruht im Wesentlichen auf den Grundlagen der Gesellschaft bürgerlichen Rechts (§ 1 Abs. 4 PartGG), hat jedoch in gewisser Hinsicht eine festere Innenstruktur und wird damit zum Teil mit einer Personenhandelsgesellschaft, insbesondere der OHG, vergleichbar. Entsprechend wird im PartGG auf verschiedene Bestimmungen des HGB verwiesen.

Für die Partnerschaftsgesellschaft gilt grundsätzlich die Eigenorganisationsgewalt der Partner und die Einzelvertretung. Die Partnerschaftsgesellschaft ist Gesamthandsgemeinschaft, die Trägerin des Gesellschaftsvermögens ist. Sie ist namensrechtsfähig (§ 2 PartGG), grundbuchfähig, kann klagen und verklagt werden und in ihr Vermögen kann vollstreckt werden. – Sie gilt insoweit als teilrechtsfähig.

Da die Partnerschaftsgesellschaft aber keine Handelsgesellschaft und somit nicht Kaufmann ist, gelten die Vorschriften über eine kaufmännische Buchführung nicht. Die Gewinnermittlung durch eine Einnahme-/Ausgaberechnung ist daher möglich.

Partner/Gesellschafter

Angehörige einer Partnerschaft können nur natürliche Personen sein.

Für bestimmte Berufsgruppen sind berufsrechtliche Vorschriften, z. B. Kapitalbindung bei Wirtschaftsprüfungsgesellschaften (§ 28 Abs. 4 WPO) und Steuerberatungsgesellschaften (§ 50a StBerG) sowie bei Rechtsanwaltsgesellschaften zu beachten (§ 59e BRAO).

Partnerschaftsvertrag

Der Partnerschaftsvertrag, in dem die Rechtsverhältnisse der Partnerschaftsgesellschaft und ihrer Partner festgelegt werden, bedarf der Schriftform und muss gemäß § 3 Abs. 2 PartGG mindestens folgende Angaben enthalten:

1. den Namen und Sitz der Partnerschaft;
2. den Namen und Vornamen sowie den in der Partnerschaft ausgeübten Beruf und den Wohnort jedes Partners;
3. den Gegenstand der Partnerschaft.

Im Übrigen bleibt es weitgehend den Partnern überlassen, was sie für regelungsbedürftig halten und wie sie es regeln wollen.

Eintragung im Partnerschaftsregister

Die Partnerschaftsgesellschaft ist zum Partnerschaftsregister (dem Handelsregister vergleichbar) anzumelden. Die Mindestanforderungen des Partnerschaftsvertrages sind einzutragen (§§ 4 und 5 PartGG). Im Außenverhältnis ist die Eintragung für die Wirksamkeit maßgebend. Das Partnerschaftsregister wird beim Amtsgericht geführt.

Für das Partnerschaftsregister sind die Vorschriften für das Handelsregister entsprechend anzuwenden (§ 5 PartGG). Die Anmeldung zum Partnerschaftsregister ist seit Inkrafttreten (1.1.2007) des Gesetzes über das elektronische Handelsregister und Genossenschaftsregister sowie das Unternehmensregister (EHUG) elektronisch in öffentlich beglaubigter Form einzureichen (§ 12 HGB in Verbindung mit § 5 PartGG).

Haftung

Für die Verbindlichkeiten der Partnerschaft haften das Partnerschaftsvermögen und neben diesem grundsätzlich auch die Partner als Gesamtschuldner (§ 8 Abs. 1 PartGG). Zur Haftungsbeschränkung bedarf es, wie bei der Gesellschaft bürgerlichen Rechts, der individualvertraglichen Haftungsbeschränkung bei jeder Auftragsannahme. Es ist aber auch möglich, die Haftung durch vorformulierte Vertragsbedingungen auf denjenigen Partner zu beschränken, der innerhalb der Partnerschaft die berufliche Leistung zu erbringen oder verantwortlich zu leiten und zu überwachen hat (§ 8 Abs. 2 PartGG). Inwieweit von dieser Möglichkeit praktischer Gebrauch gemacht wird, hängt vom Einzelfall ab.

Verhältnis zu anderen Rechtsformen

Die Partnerschaftsgesellschaft im Bereich der Freien Berufe ist eine zusätzliche Möglichkeit, durch die die bisher zulässigen Organisationsformen freiberuflicher Berufsausübung nicht beeinträchtigt werden.

Jeder Angehörige eines Freien Berufes kann sich daher entscheiden, in welcher Rechtsform er sich mit anderen Partnern zusammenschließen will. Das jeweilige Berufsrecht ist für die Partner weiterhin maßgebend. Das Innenverhältnis der Partner kann im Partnerschaftsvertrag weitgehend geregelt werden.

Bedeutung

Nicht für alle Freien Berufe kommt als Alternative die Berufsausübung über eine handelsrechtliche Gesellschaftsform mit Haftungsbeschränkung, z. B. eine GmbH, in Betracht. Das Berufsrecht der Steuerberater (StBerG), der Wirtschaftsprüfer (WPO) und seit 1. 3. 1999 der Rechtsanwälte (BRAO) sieht dagegen handelsrechtliche Gesellschaftsformen, insbesondere die GmbH, ausdrücklich vor.

Die Bedeutung der Partnerschaftsgesellschaft ist dementsprechend für die einzelnen Berufsgruppen unterschiedlich.

2. Partnerschaftsgesellschaft mit beschränkter Berufshaftung (PartG mbB)

Keine neue Rechtsform, sondern Rechtsformvariante der Partnerschaftsgesellschaft

Nach langem politischem Stillstand ist das Gesetz zur Einführung einer Partnerschaftsgesellschaft mit beschränkter Berufshaftung (PartG mbB) und zur Änderung des Berufsrechts der Rechtsanwälte, Patentanwälte, Steuerberater und Wirtschafsprüfer (BGBl. I 2013, 2386) seit dem 19.7.2013 in Kraft getreten. Mit der PartG mbB erhalten die in der Gesetzesüberschrift aufgeführten Berufsgruppen eine Variante der Partnerschaftsgesellschaft, die die steuerlichen Vorteile einer Personengesellschaft mit der Beschränkung der Haftung für berufliche Fehler auf das Gesellschaftsvermögen verbindet.

Der Gesetzgeber reagierte damit auf die Entwicklung, dass insbesondere größere Anwaltskanzleien zunehmend die englische Limited Liability Partnership (LLP) als Rechtsform wählten. Deshalb sollte mit der neuen PartG mbB eine deutsche Alternative zur englischen LLP geboten werden. Hintergrund ist aber auch, dass sich die bisherige Haftungskonzentration auf den handelnden Partner aufgrund der verschärften Haftungsrechtsprechung des BGH – insbesondere bei größeren Gesellschaften, bei denen Mandate von ganzen Teams bearbeitet werden – als problematisch erwiesen hat.

Bezeichnung

Der Name der Partnerschaft muss den Zusatz „mit beschränkter Berufshaftung“ oder die Abkürzung „mbB“ oder eine andere allgemein verständliche Abkürzung dieser Bezeichnung enthalten (§ 8 Abs. 4 Satz 3 PartGG).

Öffnung der PartG mbB nur für bestimmte Berufsgruppen, Haftung

Nach § 8 Abs. 4 Satz 1 PartGG haftet den Gläubigern für Verbindlichkeiten der Partnerschaft aus Schäden wegen fehlerhafter Berufsausübung nur das Gesellschaftsvermögen, wenn die Partnerschaft eine zu diesem Zweck durch Gesetz vorgegebene Berufshaftpflichtversicherung unterhält. Da diese Voraussetzung nur bei Rechtsanwälten, Patentanwälten, Steuerberatern, Steuerbevollmächtigten, Wirtschafsprüfern und vereidigten Buchprüfern gegeben ist, können andere freie Berufe diese Variante der Partnerschaft nicht wählen, es sei denn, sie würden in ihrem Berufsrecht eine entsprechende Versicherung verankern. Eine solche Regelung zur Berufshaftpflichtversicherung besteht seit dem 1. 6. 2015 in Bayern. Mit der Änderung des Bayerischen Heilberufe-Kammergesetzes (Art. 18 Abs. 2 HKaG) wurde die erforderliche Voraussetzung geschaffen, dass Ärzte, Zahnärzte und Psychotherapeuten sich ebenfalls dieser Gesellschaftsform bedienen können.

Die Haftungsbeschränkung auf das Gesellschaftsvermögen gilt allerdings nur für Verbindlichkeiten der PartG mbB aus Schäden wegen fehlerhafter Berufsausübung. Nicht erfasst sind daher alle anderen Verbindlichkeiten der Gesellschaft, wie z. B. aus Miet- oder Arbeitsverträgen. Für solche Verbindlichkeiten haften die Partner nach § 8 Abs. 1 Satz 1 PartGG neben dem Vermögen der Partnerschaft auch weiterhin persönlich.

Leider wurde im Gesetzgebungsverfahren für interprofessionelle Partnerschaften keine einheitliche Mindestversicherungssumme erreicht; sie beträgt

- 1 Mio. € für Steuerberater und Wirtschaftsprüfer (§ 67 Abs. 2 StBerG, § 54 Abs. 1 WPO i. V. m. § 323 Abs. 2 HGB),
- 2,5 Mio. € jedoch für Rechts- und Patentanwälte (§ 51a Abs. 2 BRAO, § 45a Abs. 2 PatentAO).

Da die abzuschließende Versicherung mindestens das Vierfache der Mindestversicherungssumme betragen muss, hat dies zur Folge, dass dann, wenn auch ein Rechtsanwalt Partner ist, die PartG mbB eine Berufshaftpflichtversicherung mit einer Jahreshöchstleistung von 10 Mio. € abschließen muss (Verlautbarung der BStBK 013/2013). Vermutlich werden die Versicherungsprämien für interprofessionelle PartG mbB deshalb relativ hoch sein.

Generell wird man sagen können, dass die Haftung über eine Versicherung gegenüber der Haftung aus einem Gesellschaftsvermögen (wie z. B. bei der GmbH) für Geschädigte sicherlich deutliche Vorteile haben wird, weil Zahlungen aus einer Versicherung in aller Regel höher ausfallen werden.

VIII. Schaubilder zur Betriebsaufspaltung

Betriebsaufspaltung im allgemeinen (weiteren) Sinne

Betriebsaufspaltung im steuerlichen Sinne	nicht-steuerliche Betriebsaufspaltung

Betriebsaufspaltung im steuerlichen Sinne

Voraussetzungen:
sachliche und personelle Verflechtung der beteiligten Unternehmen.

Steuerliche Konsequenzen:
Besitzunternehmen gilt als Gewerbebetrieb, auch wenn nur Vermietung, Verpachtung oder Vermögensverwaltung vorliegt,
- damit Gewerbesteuerpflicht,
- Vermögen gilt als Betriebsvermögen und bleibt steuerlich verstrickt.
- Anrechnung von pauschalierter Gewerbesteuer auf persönliche Einkommensteuer.

Betriebs-GmbH ist immer auf Grund der Rechtsform gewerbesteuerpflichtig.

nicht-steuerliche Betriebsaufspaltung

Voraussetzungen:
keine sachliche und/oder personelle Verflechtung.

Steuerliche Konsequenzen:
Besitzpersonenunternehmen wird allein auf Grund der Tätigkeit beurteilt (ohne Zusammenhang mit Betriebsgesellschaft). Wenn nur Vermietung, Verpachtung oder Vermögensverwaltung vorliegt,
- kein Gewerbebetrieb, damit keine Gewerbesteuerpflicht,
- kein steuerliches Betriebsvermögen.

Betriebs-GmbH ist immer auf Grund der Rechtsform gewerbesteuerpflichtig.

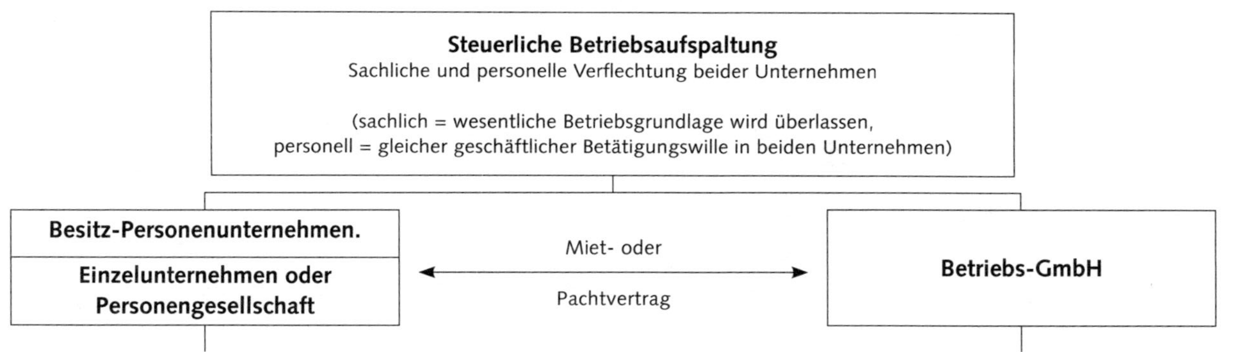

- Hält Anlagevermögen, insbesondere Grundstücke und Gebäude
- Tätigkeit beschränkt sich auf Vermietung oder Verpachtung bzw. Vermögensverwaltung (kein eigentliches Unternehmerrisiko)
- Ist gewerbesteuerpflichtig, wenn Inhaber bzw. Gesellschafter Willen auch in der Betriebs-GmbH durchsetzen können
- Vermögen gilt in diesem Fall steuerlich als Betriebsvermögen
- Bezüglich Gewerbesteuer: Freibetrag von 24.500,–€ beim Gewerbeertrag (§ 11 Abs. 1 GewStG)
- Anteile an der Betriebs-GmbH gelten als notwendiges Betriebsvermögen
- Anrechnung von pauschalierter Gewerbesteuer auf persönliche Einkommensteuer (§ 35 EStG)

- Führt die eigentliche Geschäftstätigkeit aus und trägt damit das unternehmerische Risiko (Haftung auf Gesellschaftsvermögen beschränkt; keine persönliche Haftung der Gesellschafter); geringes Vermögen bietet Haftungsvorteil
- Gesellschafter-Geschäftsführerbezüge (Gehälter und Tantiemen sowie andere Leistungsvergütungen – Miete, Pacht, Lizenzen, Zinsen) sind abzugsfähige Betriebsausgaben. Damit Reduzierung des Gewerbeertrages
- Bezüglich Gewerbesteuer: kein Freibetrag

IX. Rechtsentwicklungen und erwartete Gesetzesänderungen

Für Gesellschafter und Interessenten am Gesellschaftsrecht und Gesellschaftssteuerrecht ist nicht nur die gegenwärtige Rechtslage von Bedeutung, sondern sie wollen auch frühzeitig wissen, was an Entwicklungen ansteht und womit sie in absehbarer Zeit zu rechnen haben. Das schafft eine bessere Planungsbasis und kann vor Fehlmaßnahmen schützen.

Im Folgenden werden die Rechtsentwicklungen der vergangenen Jahre und die erwarteten Gesetztesänderungen dargestellt.

1. Entwicklung der Rechnungslegungsvorschriften

Der erste wichtige Versuch, die externe Rechnungslegung in der EU zu harmonisieren, erfolgte in den 1980er Jahren. Die 4. Richtlinie 78/660/EWG des Rates vom 25.7.1978 zum Einzelabschluss und die 7. Richtlinie 83/349/EWG des Rates vom 13.6.1983 zum Konzernabschluss wurden durch das Bilanzrichtlinien-Gesetz (BiRiLiG) vom 19.12.1985 in deutsches Recht umgesetzt. Alle Rechnungslegungsvorschriften in allen Mitgliedsstaaten der EU mussten seither kompatibel mit diesen beiden EU-Richtlinien sein.

Beginnend 2004 haben sich in der Rechnungslegung weitere gravierende Änderungen vollzogen; ein Vorgang, der auch derzeit wohl noch nicht abgeschlossen ist. Das EU-Parlament hat am 12.6.2013 eine neue Rechnungslegungsrichtlinie verabschiedet, die durch das Bilanzrichtlinie-Umsetzungsgesetz (BilRUG) vom 17.7.2015 in deutsches Recht transformiert wurde. Im Folgenden wird die Entwicklung kurz skizziert.

Internationalisierung der Konzernrechnungslegungsvorschriften

Im Rahmen der EU ist eine Änderung der Rechnungslegungsvorschriften unter stärkerer Berücksichtigung angelsächsischer bzw. internationaler Gepflogenheiten erfolgt. Mit dem Gesetz zur Einführung internationaler Rechnungslegungsstandards und zur Sicherung der Qualität der Abschlussprüfung (Bilanzrechtsreformgesetz – BilReG – vom 4.12.2004, BGBl. I 2004, S. 3166) wurden europarechtliche Vorgaben zur Rechnungslegung umgesetzt, nämlich die IFRS-Verordnung (Verordnung EG Nr. 1606/2002 vom 19.7.2002), Teile der sog. Fair-Value-Richtlinie (2001/65/EG vom 27.9.2001), die sog. Schwellenwertrichtlinie (2003/38/EG vom 13.5.2003) und Teile der

Modernisierungsrichtlinie (2003/51/ EG vom 18.6.2003). Das Bilanzrechtsreformgesetz enthält als wesentlichsten Regelungsbereich die Einführung der IFRS bei der Konzernrechnungslegung ab 2005 und die Möglichkeit für große Kapitalgesellschaften, ihren Einzelabschluss nach IFRS im Bundesanzeiger zu veröffentlichen (sie müssen daneben aber für Zwecke des Gesellschafts- und Steuerrechts einen HGB-Abschluss aufstellen). Darüber hinaus wurden die Vorschriften für den Lagebericht und den Konzernlagebericht erheblich erweitert.

Änderungen durch das Bilanzrechtsmodernisierungsgesetz (BilMoG)

Beim Bilanzrechtsmodernisierungsgesetz (BilMoG) ging es darüber hinaus um die Frage, inwiefern das deutsche Bilanzrecht stärker für die Fair-Value-Bewertung (Zeitbewertung anstelle einer auf die historischen Kosten begrenzten Bewertung) geöffnet werden sollte. Die weitere Umsetzung der Modernisierungs- und der Fair-Value-Richtlinie im Bilanzrechtsmodernisierungsgesetz ist immer wieder verschoben worden, zuletzt Ende 2008 im Zusammenhang mit der Wirtschafts- und Finanzkrise; es war das wichtigste Vorhaben im Bilanzrecht, weil es darüber entschieden hat, inwiefern IFRS-Vorstellungen auch im Einzelabschluss Berücksichtigung finden.

Während im Schrifttum zunächst einer sehr weitgehenden Übernahme der IFRS das Wort geredet wurde, weil die Internationalisierung sich auf längere Sicht in der ganzen Wirtschaft durchsetzen würde und auf Dauer kein Zweiklassen-Bilanzrecht bestehen bleiben könne, formierte sich nach und nach heftiger Widerstand in der Fachwelt und in der mittelständischen Wirtschaft, weil die Internationalisierung der Rechnungslegung

- zu Parallel- und Nebenbuchhaltungen führt,
- mit einem erheblichen und nicht vertretbaren Mehraufwand verbunden ist und
- die Gefahr besteht, dass auch der Mittelstand mit einer Informationsflut überzogen wird.

Darüber hinaus wurde in der Wirtschafts- und Finanzkrise 2008/09 den angloamerikanischen Vorschriften zur Bilanzierung, die stärker an den Informationsinteressen der Kapitalgeber orientiert sind und mit Hinweis auf die Relevanz der Informationen den Anschaffungswertgedanken regelmäßig durchbrechen, zumindest eine Mitschuld an der Entwicklung auf den Finanzmärkten zugewiesen. Das war einer der Hauptgründe, warum die Umsetzung der Modernisierungs- und der Fair-Value-Richtlinie im Bilanzrechtsmodernisierungsgesetz vom 25.5.2009, BGBl. I 2009, S. 1102 letztendlich sehr moderat ausgefallen ist. Ziel des BilMoG war es,

- die Aussagekraft des handelsrechtlichen Jahresabschlusses zu erhöhen und zu einer vollwertigen Alternative zu den internationalen Rechnungslegungsstandards weiterzuentwickeln und
- damit insbesondere vom deutschen Mittelstand den Druck zu nehmen, internationale Rechnungslegungsstandards anzuwenden.

Insbesondere bleibt es dabei, dass die HGB-Bilanz Grundlage der steuerlichen Gewinnermittlung und der Ausschüttungsbemessung ist. Die Erhöhung der Aussagekraft des handelsrechtlichen Jahresabschlusses wurde vor allem dadurch erreicht, dass zahlreiche bisherige Wahlrechte (z. B. bei Ansatz und Bewertung von Rückstellungen) entfallen sind und sich der Gesetzgeber von der umgekehrten Maßgeblichkeit, die international am meisten in der Kritik stand, verabschiedet hat. Die Zielsetzung des BilMoG lag insoweit in der Abschaffung von steuerlichen Sonderposten nach §§ 247 Abs. 3 und 273 HGB sowie steuerlichen Sonderabschreibungen nach §§ 254, 279 Abs. 2 HGB. Es bedarf zum Ansatz dieser Posten bzw. der Vornahme dieser Abschreibungen nicht mehr der vorgängigen Berücksichtigung in der Handelsbilanz.

Die Fair-Value-Bewertung, die ursprünglich noch für alle Unternehmen für Finanzinstrumente (wie Aktien, Schuldverschreibungen, Fondsanteile und Derivate, soweit sie im Handelsbestand gehalten werden) gelten sollte, wurde bei BilMoG aufgrund der Wirtschafts- und Finanzkrise letztlich auf Kreditinstitute beschränkt. Das ist sinnvoll, entspricht der bisherigen Praxis der Kreditinstitute, ist international üblich und nun auch im HGB-Bilanzrecht verankert.

Erleichterungen für Kleinstkapitalgesellschaften nach dem MicroBilG

Am 28.12.2012 ist das Kleinstkapitalgesellschaften-Bilanzrechtsänderungsgesetz – MicroBilG (BGBl. I 2012, 2751) in Kraft getreten. Grundlage für die Neuregelung ist die Micro-Richtlinie (2012/6/EU) vom 14.3.2012, die es den Mitgliedstaaten erstmals erlaubt, für Kleinstkapitalgesellschaften Erleichterungen im Bereich der Rechnungslegungs- und Offenlegungsvorschriften zu gewähren.

Kleinst- und kleine Kapitalgesellschaften liegen vor, wenn mindestens zwei der folgenden drei Merkmale an zwei aufeinanderfolgenden Abschlussstichtagen nicht überschritten werden (§ 267a HGB):

Merkmale	Kleinst-KapG	Kleine KapG
Bilanzsumme	350.000 €	6.000.000 €
Umsatzerlöse	700.000 €	12.000.000 €
Arbeitnehmer	10	50

Diese Größeneinstufung findet auch Anwendung für Kapitalgesellschaften & Co. KG (§§ 264, 264a HGB).

Folgende Erleichterungen sind für die Kleinst-KapG erfolgt:
- Die Tiefe der Gliederung von Bilanz und GuV wird – im Vergleich zu den kleinen KapG – noch weiter verringert.
- Verzicht auf den Anhang, wenn bestimme Angaben unter der Bilanz ausgewiesen werden.
- Wahlrecht (§ 326 Abs. 2 HGB), ob Kleinst-KapG die Offenlegungspflicht
  - durch Veröffentlichung (Bekanntmachung der Rechnungslegungsunterlagen) oder
  - durch Hinterlegung der Bilanz beim Betreiber des Bundesanzeigers erfüllen. Dabei ist mitzuteilen, dass zwei der drei genannten Größenmerkmale nicht überschritten werden. Nachweise diesbezüglich werden nicht verlangt.

Erleichterungen beim handelsrechtlichen Ordnungsgeldverfahren

Mit dem Gesetz zur Änderung des HGB vom 4.10.2013 (BGBl. I 2013, 3746) wurde u.a. das Ordnungsgeld für zu spät oder nicht beim Bundesanzeiger eingereichte Jahresabschlüsse herabgesetzt, das bisher mindestens 2.500 € und höchstens 25.000 € betrug. Für Bagatellfälle und kleine und Kleinst-KapG war diese Größenordnung unverhältnismäßig.

Das Mindestordnungsgeld für die verspätete Abgabe nach Ablauf einer Sechs-Wochenfrist wurde für Kleinst-KapG auf 500 €, für kleine KapG auf 1.000 € herabgesetzt (§ 335 Abs. 4 HGB).

EU-Rechnungslegungsrichtlinie 2013/34/EU vom 26.6.2013 und ihre Transformation durch das Bilanzrichtlinie-Umsetzungsgesetz (BilRUG) vom 17.7.2015

Nachdem das deutsche Bilanzrecht durch BilMoG und MicroBilG (siehe oben) erst „soeben" grundlegend reformiert worden war, war in Deutschland die Begeisterung für eine erneute Korrektur relativ gering. Die maßgeblichen Institutionen waren sich schnell einig, dass nur das absolut Notwendigste getan werden sollte, um den Ansprüchen der Richtlinie 2013/34/EU vom 26.6.2013 zu genügen (vgl. IDW, FN-IDW 2014, S. 605). Durch das Bilanzrichtlinie-Umsetzungsgesetz (BilRUG) vom 17.7.2015 wurde diese Rechnungslegungsrichtlinie in deutsches Recht transformiert.

Die Richtlinie 2013/34/EU ersetzt einerseits die bisherigen Richtlinien aus den 1980er Jahren 78/660/EWG (= 4. EG-Richtlinie über den JA) und 83/349/EWG (= 7. EG-Richtlinie über den Konzernabschluss). Andererseits bezweckt sie

- eine höhere Vergleichbarkeit der Jahres- und Konzernabschlüsse von Kapitalgesellschaften und bestimmten Personengesellschaften innerhalb der EU,
- eine Verringerung bürokratischer Belastung kleiner und mittlerer Unternehmen,
- Ausdehnung der durch MicroBilG eingeführten Erleichterungen der Rechnungslegungsvorgaben auch auf sehr kleine Genossenschaften.

Die wichtigsten Änderungen betreffen allerdings alle Kaufleute: Die GuV-Rechnung Schmalenbach´scher Prägung, die außerordentliche Elemente gesondert vom gewöhnlichen Ergebnis ausgewiesen hat, wurde zugunsten einer Annäherung an die IFRS aufgegeben.
Mit einer Änderung der Definition der Umsatzerlöse gehen der Wegfall der außerordentlichen Posten in der GuV-Rechnung und die Aufwertung der Berichterstattung im Anhang einher. Informationen zu außerordentlichen Aufwendungen und Erträgen sind jetzt nur aus dem Anhang ersichtlich.

Bedeutung des neuen HGB im Vergleich zu IFRS

Küting et al., IFRS oder HGB, Stuttgart 2012, S. 53 – 58 geben über die Anzahl der veröffentlichten HGB- und IFRS-Abschlüsse folgende Zahlen an:

Anzahl der veröffentlichten HGB- und IFRS-Abschlüsse			
	Einzelabschluss (Jahresabschluss)	**Konzernabschluss**	
Kapitalmarktorientierte Unternehmen	HGB	IFRS	
Nicht kapitalmarktorientierte Unternehmen		Wahlrecht	
	HGB rd. 1 Mio.	IFRS rd. 200	HGB rd. 3.800

Wie die Zahlen zeigen, haben von 4.000 nicht kapitalmarktorientierten Unternehmen, die einen Konzernabschluss aufzustellen hatten, lediglich 200 einen IFRS-Konzernabschluss erstellt.*

Eine Gemeinschaftsstudie von BDI, Ernst & Young und DHBW Stuttgart[1], die die Grundgesamtheit von 3.800 im Bundesanzeiger veröffentlichten HGB-Konzernabschlüssen untersuchten, kommt zu folgendem Gesamtresümee:

- Die im Rahmen der Wahlrechte und Ermessensspielräume mögliche Annäherung an die IFRS wird häufig nicht vorgenommen.
- Ganz im Gegenteil, die Unternehmen präferieren – soweit zulässig – eine Annäherung an die Steuerbilanz.
- Die deutsche Wirtschaft hat also offensichtlich derzeit kein Interesse an einer weiteren Übernahme der IFRS durch den Gesetzgeber.

Die seit 2004 nach und nach erfolgten Neuerungen in der HGB-Rechnungslegung zeigen, dass es gelungen ist, eine relativ gute Balance bei der Reformierung der Rechnungslegungsvorschriften zu finden; sie haben den Praxistest bestanden. Deshalb besteht auch keine Notwendigkeit, die „IFRS for SME“, den internationalen Rechnungslegungs-Standard für kleine und mittlere Unternehmen, als Alternative zur HGB-basierten Rechnungslegung einzuführen. Letztere eröffnet die Chance für alle Gesellschaftsformen, sich international gleichwertig zu präsentieren.

2. Entwicklungen im Gesellschaftsrecht

Grundlegende Änderungen im Gesellschaftsrecht abgesehen von temporären Erleichterungen infolge der Corona-Krise stehen derzeit auf nationaler Ebene nicht an. Nach der Schaffung der so genannten kleinen AG, der Partner-

* An dieser Relation dürfte sich auch in den Folgejahren wenig geändert haben.

schaftsgesellschaft und der grundlegenden Novellierung des GmbH-Rechts mit Einführung der Unternehmergesellschaft – UG – (haftungsbeschränkt) erfolgte nach lang andauernder Vorbereitung mit relativ wenig zusätzlichen Vorschriften die Kreierung der Partnerschaftsgesellschaft mit beschränkter Berufshaftung (PartG mbB), s. S. 78. Der „Herstellungsprozess“ dieser Gesellschaftsform zeigt, dass im Gesellschaftsrecht die Uhren wesentlich langsamer ticken als beispielsweise im Steuerrecht: gesellschaftsrechtliche Neuerungen werden deutlich gründlicher überlegt und brauchen daher ihre Zeit. Weitere Änderungen mit gravierenden Auswirkungen sind – bis auf die in Planung befindliche europäische Einpersonengesellschaft (Societas Unius Personae – SUP) – derzeit nicht in der Diskussion.

Die europäische Einpersonengesellschaft (Societas Unius Personae – SUP)

Derzeit ist eine weitere europäische Gesellschaftsform in Planung, um den Zugang kleiner und mittlerer Unternehmen (KMU) zum Binnenmarkt zu verbessern. Der Rat schlägt die Einführung einer europäischen Einpersonengesellschaft (Societas Unius Personae – SUP) vor, die in allen Mitgliedstaaten unter vereinfachten Bedingungen als Rechtsform einer europäischen Kapitalgesellschaft gegründet werden kann (Vorschlag für eine Richtlinie der Europäischen Parlaments und des Rates über Gesellschaften mit beschränkter Haftung mit einem einzigen Gesellschafter vom 9.4.2014). Das Mindestkapital einer SUP soll auf 1 Euro festgelegt werden.

Die Bereitstellung eines harmonisierten rechtlichen Rahmens für die Errichtung von Einpersonengesellschaften soll dazu beitragen, Beschränkungen der Niederlassungsfreiheit in Bezug auf die Voraussetzungen für die Gründung von Tochtergesellschaften im Hoheitsgebiet der Mitgliedstaaten schrittweise aufzuheben und die damit verbundenen Kosten zu senken. Die SUP soll keine eigenständige supranationale Rechtsform sein. Grundkonzept ist vielmehr, dass die Richtlinie bestimmte Standards für Gründung, Kapital und Organisation nationaler Einpersonen-„GmbH“ festlegen wird, und alle nationalen GmbH, die diese Standards einhalten, dürfen sich als „SUP“ bezeichnen (also als eine Unterform der GmbH).

3. Entwicklungen im Steuerrecht

Verfahrensrechtsmodernisierungsgesetz

Die Finanzverwaltung befindet sich mitten in einem großen Umbruch. Sie treibt die Digitalisierung vehement voran, man denke an

- ELSTER (**el**ektronische **Steuer**erklärung),
- ELStAM (**el**ektronische **Lohnst**euer-**A**bzugs**m**erkmale)
- E-Bilanz (**e**lektronische **Bilanz**),

war aber bis zum Inkrafttreten des Gesetzes zur Modernisierung des Besteuerungsverfahrens (Verfahrensrechtsmodernisierungsgesetz) vom 18. 7. 2016 verfahrensmäßig nach wie vor im Papierzeitalter.

Das Verfahrensrechtsmodernisierungsgesetz verfolgt das Ziel,
- Arbeitsabläufe zu modernisieren und
- Effizienzsteigerungen im steuerlichen Massenverfahren durch Einsatz moderner IT-Verfahren zu erzielen.

Die fortschreitende Technisierung und Digitalisierung aller Lebensbereiche, eine zunehmende globale wirtschaftliche Verflechtung und die demografische Entwicklung zu einer alternden Gesellschaft und abnehmende Bevölkerungszahl stellen das Steuerrecht und den Steuervollzug vor große Herausforderungen. Zum dauerhaften Erhalt eines Besteuerungsverfahrens, das weiterhin zeitgemäß ist und effizient seine Aufgaben erfüllt, sind deshalb Maßnahmen zur technischen, organisatorischen und rechtlichen Modernisierung erforderlich (s. BT-Drucksache 18/ 7457).

Die wichtigsten Neuerungen im Überblick:
- Einschränkung des Amtsermittlungsgrundsatzes: Der Amtsermittlungsgrundsatz kann durch allgemeine Erfahrungen der Finanzbehörden sowie Wirtschaftlichkeits- und Zweckmäßigkeitsüberlegungen eingeschränkt werden (§ 88 Abs. 2 Satz 2 AO).
- Risikomanagementsystem: Die Finanzbehörden können nach § 88 Abs. 5 AO zur Beurteilung der Notwendigkeit weiterer Ermittlungen und Prüfungen für eine gleichmäßige und gesetzmäßige Festsetzung von Steuern automationsgestützte Systeme einsetzen (Risikomanagementsysteme).
- Regelungen zu von dritter Seite elektronisch übermittelten Daten (§ 93c, § 93d, § 171 Abs. 10a, § 175b, § 203a und § 72a Abs. 4 AO)
- Schreib- oder Rechenfehler bei Erstellung einer Steuererklärung: § 173a AO ermöglicht künftig, die Steuerfestsetzung bei Auftreten offenbarer Unrichtigkeiten des Steuerpflichtigen zu ändern. Dies gilt jedoch nur für Fehler, die eindeutig und klar als einfache Schreib- oder Rechenfehler zu erkennen sind und für die ausgeschlossen werden kann, dass sie auf einer unrichtigen Tatsachenwürdigung, einem Rechtsirrtum oder einem Rechtsanwendungsfehler basieren.

- Verlängerung der Abgabefristen von Steuererklärungen: für nichtberatene Steuerpflichtige spätestens sieben Monate nach Ablauf des Kalenderjahres (§ 149 Abs. 2 AO), für fachkundig vertretene Steuerpflichtige (§ 149 Abs. 3–6 AO) bis zum letzten Februartag des zweiten auf den Besteuerungszeitraum folgenden Kalenderjahres
- Zufallsgestützte Vorabanforderungen: Unter bestimmten Voraussetzungen kann die Finanzverwaltung auf Basis einer automationsgestützten Zufallsauswahl Steuererklärungen vorab, also z. B. vor Ablauf des letzten Februartages des übernächsten Jahres, anfordern. In diesen Fällen sind die Erklärungen innerhalb von vier Monaten nach Bekanntgabe der Vorabanforderung einzureichen.
- Automatische Verspätungszuschläge: Diese werden künftig bei Vorliegen der Tatbestandsvoraussetzungen kraft Gesetzes, also ohne Ermessensentscheidung der Finanzbehörde, festgesetzt, d. h., bei verspäteter Abgabe von Steuererklärungen werden automatisch Verspätungszuschläge fällig.
- Belegvorhaltepflicht anstatt Belegvorlagepflicht: Die Wandlung von Belegvorlagepflichten in Belegvorhaltepflichten (§ 50 Abs. 1, 2 und 8 EStDV) hat eine völlig andere Arbeitsweise in Steuerkanzleien und der Finanzverwaltung zur Folge. Steuererklärungen sind künftig ohne Belege abzugeben. Erst wenn das Risikomanagementsystem „Alarm" schlägt, ist ein Beleg vom Steuerpflichtigen oder seinem Berater anzufordern.

Die gesetzlichen Maßnahmen werden durch zahlreiche untergesetzliche Maßnahmen flankiert, die in einem Zeitraum von 5 – 6 Jahren umgesetzt werden sollen. Das Nebeneinander von Papier- und digitaler Welt wird sich also über einen längeren Zeitraum erstrecken. Überlegungen, wie eine rein digitale Abwicklung des Besteuerungsverfahrens künftig aussehen soll, sind derzeit noch im Anfangsstadium. Letztendlich sollen die Finanzämter mittels dieser Änderungen und einer weiteren EDV-Aufrüstung in die Lage versetzt werden, bis zu 60 % der Einkommensteuerfälle vollautomatisch, d. h. ohne personelle Fallüberprüfung (sog. Autofallquote), zu bearbeiten. Angesichts der Kompliziertheit des deutschen Besteuerungssystems erscheint eine Autofallquote von 60 % als sehr optimistische Vorgabe.

Grundsteuerreform 2022/2025

Mit Urteil vom 10. 4. 2018 – 1 BvL 11/14, 1 BvL 12/14, 1 BvL 1/15, 1 BvR 639/11, 1 BvR 889/12 – hat das Bundesverfassungsgericht einige Normen des Bewertungsgesetzes, soweit sie bebaute Grundstücke betreffen, für die Zeit ab dem 1. 1. 2002 für unvereinbar mit Art. 3 Abs. 1 GG erklärt.

Durch das Gesetz zur Reform des Grundsteuer- und Bewertungsrechts (Grundsteuer-Reformgesetz – GrStRefG) vom 26. 11. 2019 (BGBl. 2019 I S. 1794), dem Gesetz zur Änderung des Grundgesetzes (Artikel 72, 105 und 125b) vom 15. 11. 2019 (BGBl. 2019 I S. 1546) und dem Gesetz zur Änderung des Grundsteuergesetzes zur Mobilisierung von baureifen Grundstücken für die Bebauung vom 30. 11. 2019 (BGBl. 2019 I S. 1875) hat der Gesetzgeber eine umfangreiche Neuregelung der Grundsteuer beschlossen. Die seitherigen Regelungen finden aber noch bis zum 31. 12. 2024 Anwendung.

Die Neuregelung 2022/2025 sieht im Überblick Folgendes vor:

- Die erste Hauptfeststellung zur Bewertung der wirtschaftlichen Einheiten (Grundstücke sowie Betriebe der Land- und Forstwirtschaft) nach neuem Recht erfolgt zum 1. 1. 2022. Dem schließt sich ein jeweils 7-jähriger Hauptfeststellungsturnus an.
- Die neuen Werte werden den Grundsteuerfestsetzungen der hebeberechtigten Kommunen ab 2025 zugrunde gelegt.
- Das Verfahren ist ähnlich dem bei der Gewerbesteuer dreistufig ausgestaltet: Grundsteuerwert – Grundsteuermessbetrag – Festsetzung der Grundsteuer.
- Grundstücke, soweit sie nicht zu einem Betrieb der Land- und Forstwirtschaft gehören, werden unterteilt in „Unbebaute Grundstücke“ und „Bebaute Grundstücke“.
- Die Bewertung „Unbebaute Grundstücke“ richtet sich nach den Bodenrichtwerten, die von den Gutachterausschüssen der Kommunen ermittelt werden.
- Bebaute Grundstücke werden in folgende Grundstücksarten unterteilt:
  - Einfamilienhäuser
  - Zweifamilienhäuser
  - Mietwohngrundstücke
  - Geschäftsgrundstücke
  - Gemischt genutzte Grundstücke
  - Sonstige bebaute Grundstücke
- Je nach Grundstücksart kommen unterschiedliche Bewertungsverfahren zur Anwendung:
  - Ertragswertverfahren auf Basis der Nettokaltmiete für Gebäude zzgl. Bodenwert (z. B. bei Einfamilienhäusern)
  - Sachwertverfahren für Gebäude zzgl. Bodenwert (z. B. bei Geschäftsgrundstücken)

- Art. 72 Abs. 3 Satz 3 Nr. 7 GG enthält eine Öffnungsklausel, die es den Bundesländern ermöglicht, ein eigenständiges Grundsteuerrecht zu verabschieden. Von diesem Recht wollen bspw. Baden-Württemberg und Bayern Gebrauch machen.

Zweites Gesetz zur Umsetzung steuerlicher Hilfsmaßnahmen zur Bewältigung der Corona-Krise (Zweites Corona-Steuerhilfegesetz) vom 29. 6. 2020 (BGBl. I 2020, S. 1512)

Die wichtigsten Neuregelungen im Überblick sind:

- I 6b Abs. 3 i. V. m. § 52 Abs. 14 EStG: Verlängerung der Frist für die Übertragung aufgedeckter Stiller Reserven auf ein Ersatzwirtschaftsgut um ein Jahr; Analoges gilt bei § 7g Abs. 3 i. V. m. § 52 Abs. 16 EStG.
- § 7 Abs. 2 EStG: Zulässigkeit einer geometrisch-degressiven Absetzung für Abnutzung bei Anschaffung/Herstellung Beweglicher Wirtschaftsgüter des Anlagevermögens in den Kalenderjahren 2020 und 2021 (max. 2,5-fache der linearen AfA, max. 25 %).
- § 10d i. V. m. § 52 Abs. 18b EStG: Negative Einkünfte der Veranlagungszeiträume 2020 und 2021 können bis zu 5 Mio. € (bei Zusammenveranlagung bis zu 10 Mio. €) auf den vorangegangenen Veranlagungszeitraum zurückgetragen werden. Bisher waren die Höchstbeträge 1 Mio. € bzw. 2 Mio. €. Gem. §§ 110 und 111 EStG werden weitere Vergünstigungen bei den Vorauszahlungen und dem Verlustrücktrag eingeräumt.
- § 35 EStG: Ermäßigung der Einkommensteuer auf Gewerbliche Einkünfte um das 4-fache (bisher: 3,8-fache) des Gewerbesteuermessbetrags, aber Deckelung auf die tatsächlich zu zahlende Gewerbesteuer. Die Neuregelung gilt ab 2020 unbefristet.
- § 8 Nr. 1 GewStG: Erhöhung des Freibetrags für die gewerbesteuerlichen Hinzurechnungen ab dem Erhebungszeitraum 2020 dauerhaft von 100.000 € auf 200.000 €.
- § 12 UStG: Absenkung des regulären USt-Satzes bei Lieferungen und Sonstigen Leistungen im Zeitraum vom 1. 7. bis 31. 12. 2020 von 19 % auf 16 %. Der ermäßigte USt-Satz vermindert sich in diesem Zeitraum von 7 % auf 5 %. Für Restaurant- und Verpflegungsdienstleistungen gelten bis zum 30. 6. 2021 bereits durch das Gesetz zur Umsetzung steuerlicher Hilfsmaßnahmen zur Bewältigung der Corona-Krise (Corona-Steuerhilfegesetz) vom 19. 6. 2020 (BGBl. I 2020, S. 1385) besondere Vergünstigungen.

X. Abkürzungen

Abs.	Absatz
Abt.	Abteilung
AG	Aktiengesellschaft
AktG	Aktiengesetz
AltEinkG	Alterseinkünftegesetz
AO	Abgabenordnung
AR	Aufsichtsrat
BetrVerfG	Betriebsverfassungsgesetz
BewG	Bewertungsgesetz
BewDV	Durchführungsverordnung zum Bewertungsgesetz
BFH	Bundesfinanzhof
BGB	Bürgerliches Gesetzbuch
BGB-Ges.	Gesellschaft bürgerlichen Rechts
BGBl.	Bundesgesetzblatt
BGH	Bundesgerichtshof
BilMoG	Bilanzrechtsmodernisierungsgesetz
BilReG	Bilanzrechtsreformgesetz
BilRUG	Bilanzrichtlinie-Umsetzungsgesetz vom 17.7.2015
BiRiLiG	Bilanzrichtliniengesetz
BRAO	Bundesrechtsanwaltsordnung
Buchst.	Buchstabe
bzw.	beziehungsweise
COVInsAG	Gesetz zur vorübergehenden Aussetzung der Insolvenzantragspflicht und zur Begrenzung der Organhaftung bei einer durch die COVID-19-Pandemie bedingten Insolvenz vom 27.3.2020
DrittelbG	Drittelbeteiligungsgesetz
EAG	Europäische AG
EG	Europäische Gemeinschaft
eG	eingetragene Genossenschaft
ErbStG	Erbschaftsteuergesetz
erg	ergänzend
EStG	Einkommensteuergesetz
EU	Europäische Union
EWG	Europäische Wirtschaftsgemeinschaft
EWGV	Vertrag zur Gründung der EWG
EWIV	Europäische wirtschaftliche Interessenvereinigung
FA	Finanzamt
GenG	Genossenschaftsgesetz

GesRuaCOVBekG	Gesetz über Maßnahmen im Gesellschafts-, Genossenschafts-, Vereins-, Stiftungs-, und Wohnungseigentumsrecht zur Bekämpfung der Auswirkungen der COVID-19-Pandemie vom 27. 3. 2020
GG	Grundgesetz
GmbH	Gesellschaft mit beschränkter Haftung
GmbHG	GmbH-Gesetz
GmbH u. Co.	Gesellschaft mit beschränkter Haftung u. Co.
GoB	Grundsätze ordnungsmäßiger Buchführung
GoBD	Grundsätze zur ordnungsmäßigen Führung und Aufbewahrung von Büchern, Aufzeichnungen und Unterlagen in elektronischer Form sowie zum Datenzugriff
GrEStG	Gründerwerbsteuergesetz
G+V	Gewinn-und Verlust-Rechnung
GewStG	Gewerbesteuergesetz
HGB	Handelsgesetzbuch
h. M.	herrschende Meinung
HR	Handelsregister
HRefG	Handelsrechtsreformgesetz
HV	Hauptversammlung
IAS	International Accounting Standard(s)
i. S.	im Sinne
i. V. m.	in Verbindung mit
IFRS	International Financial Reporting Standards
KapAEG	Kapitalaufnahmeerleichterungsgesetz
KapCoRiLiG	Kapitalgesellschaften und Co Richtliniengesetz
KapG	Kapitalgesellschaft
KG	Kommanditgesellschaft
KGaA	Kommanditgesellschaft auf Aktien
KonTraG	Gesetz zur Kontrolle und Transparenz im Unternehmensbereich
KStG	Körperschaftsteuergesetz
KWG	Gesetz über das Kreditwesen
Ltd	Limited
MicroBilG	Kleinstkapitalgesellschaften-Bilanzrechtsänderungsgesetz
MitbestG	Mitbestimmungsgesetz
OHG	Offene Handelsgesellschaft
PartG	Partnerschaftsgesellschaft
PartGG	Partnerschaftsgesellschaftsgesetz
PartG mbB	Partnerschaftsgesellschaft mit beschränkter Berufshaftung
phG	persönlich haftender Gesellschafter
PublG	Publizitätsgesetz
SE	Societas Europapaea (Europäische Gesellschaft)
SEAG	SE-Ausführungsgesetz
SGB	Sozialgesetzbuch

StandOG	Standortsicherungsgesetz
StenkG	Steuersenkungsgesetz
StSenkErgG	Steuersenkungsergänzungsgesetz
SUP	Societas Unius Personae – europäische Einpersonengesellschaft
UG	Unternehmergesellschaft
Urt.	Urteil
UStG	Umsatzsteuergesetz
VAG	Versicherungsaufsichtsgesetz
vBP	vereidigter Buchprüfer
VStG	Vermögensteuergesetz
VVaG	Versicherungsverein auf Gegenseitigkeit
WP	Wirtschaftsprüfer
WPG	Wirtschaftsprüfungsgesellschaft
z. B.	zum Beispiel
Ziff.	Ziffer
z. T.	zum Teil